《持世經》
兩種譯本對照之研究
（全彩版）

果濱　編撰

自序

　　本書題名為**《持世經兩種譯本對照之研究（全彩本）》**，重新將兩種漢譯的《持世經》作歸納整理，除了保留原有的「卷名、品名」外，另自行給每一段再細分「小標題」，只要看到「小標題」就可知道經文的「大綱」內容，增加閱讀的速度。末學已經這兩個譯本詳細作「比整」整理，並以**「全彩」**的方式發行，所有內容都已作出詳細的「比對」，並加上難字的「注音」及「解釋」，所有的「造字」也都進行處理。

　　末學講解《楞嚴經》已達十三次(至 2016 年止)，深深知道《持世經》的重要性，因為《楞嚴經》前面三卷半的「五陰六入十二處十八界、無自性、無自體、非因緣、非自然、不在內外中間、眾因緣」等之高深義理，全部都可以在《持世經》中完整看見。

　　本經的譯本有二種，一為燉煌菩薩竺法護(Dharmarakṣa)是《持世經》最早的譯本，當初譯名為**《持人菩薩經》**(譯經年代為 265～308 年，收於《大正藏》第十四冊)，經文的文字稍為艱澀一點，但這位西晉竺法護大師譯經所涉及的範圍及翻譯的數量都是中國古代最多的(竺法護譯經約 154 部 309 卷。而鳩摩羅什譯經約 35 部 294 卷)，整個譯經的活動至少長達 40 年以上(公元 265～308 年)，無怪乎梁・僧祐(公元 445～518)撰的《出三藏記集・卷八》中就推崇竺法護說「**經法所以廣流中華者，護**(竺法護)**之力也**」，又讚歎竺法譯的譯經是：「**言准天竺，事不加飾，悉則悉矣，而辭質勝文也**」。另一個譯本則是後秦・鳩摩羅什(344～413)所譯的《持世經》，亦收於《大正藏》第十四冊，也是最容易理解的版本。

　　底下便將《持世經》的重要義理略介如下：

　　「卷一」介紹佛在<u>王舍城</u>(Rāja-gṛha)之<u>迦蘭陀竹園</u>(Veṇuvana-kalandakanivāsa)開講此經，當時的<u>持世</u>(Jagatīṃ-dhara 持人)菩薩即「代眾菩薩」而請問世尊何謂「六度波羅蜜」？以及何謂「諸法實相」？佛陀即為菩薩說有多種的**四利法**(四事義)，以及應該要修持「諸法實相」及分別「諸法章句」。若欲得「**諸法實相、意力、不斷念、阿耨菩提**」者，須勤修此「**諸法實相**」之法門。接下來佛便開始講「色陰」的義理，如：「色陰」無有「自性」，但以前世業力之「四大和合」及**眾因緣**，故假名為「**色陰**」。此段文意同於《楞嚴經・卷二》講「色陰」文，經云：「**色陰虛妄，本非因緣，非自然性**」，及《楞嚴經・卷十》云：「**是故當知，汝現色身名為堅固第一妄想**」。

　　接著講「受陰」，指「受陰」乃從顛倒之「憶想分別」生起，無有真實之「受者」，皆由「先世」及「今世」種種「業力因緣」生起，諸受乃「**自性空**」，應以「**無陰、不真陰、顛倒陰、不住陰**」去觀察「**受陰**」。「受陰」不在「**內、外、中間**」，無所從來、無有所屬。此段文意同於《楞嚴經・卷二》講「受陰」文，經云：「**受陰虛妄，本非因緣，非自然性**」，及《楞嚴經・卷十》云：「**汝今現前順益、違損二現馳驅，名為虛明第二妄想**」。

　　講「想陰」的部份，云：菩薩應該要正觀「想陰」，皆從「顛倒」生起，虛妄不堅固、不真實、不生相，但以「**眾因緣和合**」，從「先世」之種種業力因緣生起。此亦同《楞嚴經・卷二》「想陰」文，經云：「**想陰虛妄，本非因緣，非自然性**」，及《楞嚴經・卷十》云：「**想念搖動妄情，名為融通第三妄想**」。

　　講「行陰」的部份，云：菩薩正觀「行陰」，皆從「**眾因緣**」顛倒

生起，虛妄不真。由「先世」種種「業力因緣」果報所攝。菩薩正觀「行陰」無有「根本」，乃**眾緣和合**，是中無有「真實」之「行陰」，以及「行陰」無**決定相**，譬如**芭蕉**，**堅牢相**不可得，「無堅牢相」亦不可得，這些「行陰」道理都可為《楞嚴經・卷二》「行陰」文：**「行陰虛妄，本非因緣，非自然性」**及《楞嚴經・卷十》云：**「諸行，念念不停，名為幽隱第四妄想」**下一個明顯、清楚的註解。

「卷二」則開始講「識陰」，云：「識陰」從「顛倒」生起，由「先世」業力及「現在諸緣」所繫縛，「識陰」從**憶想分別**生起，**假借**而有。又明確的說：「識陰」或名為**心、意、識**，皆是「意業分別」故，從**眾因緣**生，故**無自性**，念念「生滅」。凡夫若貪著「識陰」，依止所「識」，依止「識」種種示「思惟」故，生起「識陰」，「假借」強名是**心、意、識**。又說凡夫若貪著「識陰」，則將為「識陰」所縛。又說由**心、意、識**眾緣和合，故生起種種**識陰**。以上《持世經》的道理完全可以作為《楞嚴經・卷二》「識陰」文：**識陰虛妄，本非因緣，非自然性**，及《楞嚴經・卷十》云：**則湛了內，罔象虛無，第五顛倒微細精想**最佳的詮釋。

《持世經》總結「五陰」之理非常的重要，如有菩薩如實正觀「五受陰」之**無常相**，則能除斷種種**欲染**。若人能觀察「五受陰」乃**空無所有**，皆從**顛倒無明**生起，此人得脫**地獄、畜生、餓鬼**苦惱。若人貪著「五陰」，不知佛「隨宜」所說之「五陰」法，是人不受「佛教」，不應受「供養」，非佛弟子，入於邪道。甚至若有出家法師貪著「五陰」者，則不應聽受「一杯之水」之供養。若欲得**諸法實相、阿耨菩提**者，應常觀是「五陰」之**無常、苦、無我、虛妄相、不堅牢、畢竟空、從本已來不生相**。以上《持世經》對「五陰」的的道理完全同於《楞嚴經・卷十》云：**是五受陰，五妄想成**。

　　《持世經》後面再舉兩位菩薩<u>無量意</u>、<u>無量力</u>，這兩位菩薩都是透過觀察並修行這「五陰」之性，最終次第作佛，一名<u>無量音</u>，二名<u>無量光</u>。所以佛陀開示說：若欲得「菩提」者，應勤修集「五陰、十二入、十八性」。而《楞嚴經‧卷二》中即明白的說：**如是乃至「五陰、六入」，從「十二處」至「十八界」。「因緣」和合，虛妄有生；「因緣」別離，虛妄名滅**。後面還一一介紹「六識」之性，例如：「眼性」不可得、「眼性」虛妄無所有，皆從**「憶想分別」**生起。「眼性」無有**「決定相」**，**「虛空性」**即是「眼性」，「眼根、色塵、眼識」三事眾緣和合，假名為**「眼性」**，菩薩應通達**「無性」**即是**「色性」**。如此又同《楞嚴經‧卷三》所說：**「是故當知眼入虛妄，本非因緣，非自然性」**之理。《持世經》上說：賢聖皆通達「六識性」即是**「無性、無決定性」**，但從**「眾因緣」**生，屬**「諸因緣」**，故假名為「六識性」。

　　「卷三」的開始仍繼續講有關「眼入」的問題，如云：「眼入」但從**「眾因緣」**生起，以「色」作緣，故假名為**「眼入」**。於「第一義中」，「眼入、色入」皆不可得，非**「內、外、中間、過去、未來、現在」**，皆從**「眾因緣」**生起，與「顛倒」相應而行，接著「耳入、鼻入、舌入、身入、意入」都詳細講解。最後再談到「十二入」，如云：「十二入」皆無決定相，屬「諸因緣」，與「顛倒」相應而行。又說「諸入」皆從「眾因緣」生，與顛倒相應而行，非**「內、外、中間、過去、未來、現在」**，**「意入、法入」**實不可得。亦說「十二入」皆「虛妄」，從「眾因緣」而生，與顛倒相應，此理與《楞嚴經‧卷三》完全相同，經云：**「復次，阿難！云何十二處，本如來藏妙真如性？……即色與見，二處虛妄，本非因緣，非自然性。」**後來《持世經》又詳細說：菩薩正觀「十二入」皆虛誑、不牢堅，為「眾緣」生法，空如「幻相」。觀「十二因緣法」，不見**「因緣法、因緣相」**，三世皆無。「因緣」乃**「無**

緣、無生、無相、無作、無起、無根本」，從本已來，一切法「無所有」。諸法不在「內、外、中間」，亦非三世。諸法但從「眾因緣」生，由「顛倒」生起，故諸法無有「決定相」。《持世經》的所有義理皆詳盡的解釋了《楞嚴經》的道理。

「卷四」則另外介紹「八正道」，如云：菩薩應善知「八正道」，「不念、不貪著、不緣、不行、不分別」一切諸見，是名「正見」。若貪著「涅槃見、佛見」，亦名「邪見」。「世間」與「出世間」乃「非合非離、不二、無分別」，需「如實」證知此法。諸「有為法」，不在「內、外、中間、合、散」，從虛妄根本「分別」所生起，由「無明」因緣故，皆無所有。最後將「諸法實相」的義理完整的表達說：若能善知「五陰、六入、十二處、十八界、十二因緣、四念處、五根、八聖道、世間、出世間、有為、無為」者，當得善知「諸法實相」。如此的話，若能詳解《楞嚴經》的「五陰、六入、十二處、十八界」皆「非內、非外、非中間、非因緣、非自然」，都是「隨眾生心，應所知量」的現起與生滅，那就能真正的通達「諸法實相」了。

《持世經》卷未則舉說：過去無量阿僧祇劫有佛，號閻浮檀金須彌山王如來，為諸菩薩說「斷眾生疑 菩薩藏經」。當時有位寶光菩薩，在得聞「五陰、六入、十二處、十八界、十二因緣、四念處、五根、八聖道、世間、出世間、有為、無為」法，便發大精進。後來此菩薩便通達一切諸法隨宜之「因緣」，以「一因緣」能入「千種因緣」，能得一切「諸法實相方便」。在《持世經》「流通分」部份，經文則說：若於後末世時，能得值是《持世經》，此人則為「菩薩藏」所攝受，能與諸「波羅蜜」相應，不為「魔事」所覆，不為「業障」所惱，能得佛「授記」。

　　從以上所舉的《持世經》內容，末學非常確定的，如果能「精通、熟讀」《持世經》，那麼《楞嚴經》前面「三卷半」的高深哲理必然可以讓你馬上就「融匯貫通」的。

　　最後祈望所有研究《楞嚴經》的佛教四眾弟子、教授學者們皆能來研究這本**《持世經兩種譯本對照之研究（全彩本）》**，並從這本書中獲得《楞嚴經》的「真義」，進而達到「以經解經」的目的。末學在教學繁忙之餘，匆匆編撰，錯誤之處，在所難免，猶望諸位大德教授，不吝指正，爰聊綴數語，以為之序。

公元 2016 年 5 月 18　果濱序於土城楞嚴齋

譯者介紹

1 竺法護

1. 梵名 Dharmarakṣa。又稱支法護。西晉譯經僧。音譯作曇摩羅剎、曇摩羅察。祖先為月支人，世居敦煌。八歲出家，師事竺高座，遂以竺為姓。

2. 竺法護本性純良而好學，每日誦經「數萬言」，並博覽六經，涉獵百家。其時，關內京邑雖禮拜寺廟、圖像，然諸大乘經典未備，竺法護乃立志西行，後遍通西域三十六國之語文。

3. 據《法華傳記·卷一》載，竺法護於西晉·武帝 泰始元年（265）攜帶大批「胡本經典」至東土，居於長安、洛陽，專事譯經，有聶 承遠、仁法乘、陳士倫等人參與筆受、校對等工作。

4. 西晉·武帝（265～291 在位）末年，竺法護在長安 青門外營建寺院，精勤行道，廣布德化二十餘年。後示寂於囑西晉·愍帝 建興年間（313～316）。或謂竺法護於西晉·惠帝（291～305 在位）西奔之頃而病逝，世壽七十八。時人稱竺法護為月支菩薩、敦煌菩薩、敦煌開士、本齋菩薩。

5. 有關竺法護所譯經典部數，據出《三藏記集·卷二》所載，共有：《光讚般若》、《普曜》、《大哀》、《度世品》、《持心》、《首楞嚴》、《賢劫》、《維摩》、《無量壽》、《正法華》等大乘經典凡一五四部，三〇九卷。譯出時間約在西晉·武帝 泰始年間（265～274），至西晉·懷帝 永嘉二年(308 年)，或謂是至西晉·愍帝 建興元年(313 年)。

6. 竺法護於西晉·武帝 太康六年（286 年）所譯之《正法華經》問世後，東土漢人始知有觀音之名，且因而有靈驗之說與觀音信仰之開始。

7. 又據《歷代三寶紀·卷六》，依諸經錄而增列竺法護之譯作為二一〇部，三九四卷。《開元釋教錄·卷二》則刪減為一七五部，三五四卷，而以譯經年代為自西晉·武帝 泰始二年至西晉·愍帝 建興元年。(以上資料據《佛光大辭典》再略作修訂)

2 鳩摩羅什

1. 梵名 Kumārajīva（344～413，一說 350～409）。又作究摩羅什、鳩摩羅什婆、拘摩羅耆婆。略稱羅什、什。意譯作童壽。東晉龜ま 茲で 國（新疆疏勒）人。中國「四大譯經家」之一。

2. 鳩摩羅什父母俱奉佛出家，素有德行。羅什自幼聰敏，七歲從母入道，遊學天竺，徧參名宿，博聞強記，譽滿五天竺。後歸故國，王奉為師。

3. 前秦苻堅聞其德，遣將呂光率兵迎之。呂光西征既利，遂迎羅什，然於途中聞苻堅敗沒，遂於河西自立為王，羅什乃羈留涼州十六、七年。直至後秦姚興攻破呂氏，羅什始得東至長安，時為東晉・隆安五年（401）。

4. 姚興禮鳩摩羅什為國師，令鳩摩羅什居於逍遙園，與僧肇、僧嚴等從事譯經工作。

5. 自後秦弘始五年（403）四月，羅什先後譯出《中論》、《百論》、《十二門論》（以上合稱三論）、《般若》、《法華》、《大智度論》、《阿彌陀經》、《維摩經》、《十誦律》等經論，有系統地介紹龍樹中觀學派之學說。

6. 鳩摩羅什譯經之總數說法不一，《出三藏記集》稱三十五部，二九四卷；《開元釋教錄》則謂七十四部，三八四卷。

7. 自佛教入傳，漢譯佛經日多，但所譯多滯文格義，不與原本相應，羅什通達多種外國語言，所譯經論內容卓拔，文體簡潔曉暢，至後世頗受重視。其時，四方賢俊風從，羅什悉心作育，皆得玄悟。

8. 羅什一生致力弘通之法門，當為「般若系」之大乘經典，與龍樹、提婆系之中觀部論書之翻譯。所譯之經典，對中國佛教之發展有很大之影響；《中論》、《百論》、《十二門論》，道生傳於南方，經僧朗、僧詮、法朗，至隋之吉藏而集三論宗之大成；再加上《大智度論》，而成四論學派。

9. 此外，鳩摩羅什所譯之《法華經》，乃肇啟「天台宗」之端緒。
《成實論》為「成實學派」之根本要典。
《阿彌陀經》及《十住毘婆沙論》為「淨土宗」所依之經論。

《彌勒成佛經》促成了「彌勒信仰」之發達。

《坐禪三昧經》之譯出，促成了「菩薩禪」之流行。

《梵網經》一出，中土得傳「大乘戒」。

《十誦律》則提供了研究「律學」之重要資料。

10. 羅什門下有<u>僧肇</u>、<u>道生</u>、<u>道融</u>、<u>僧叡</u>、<u>曇影</u>、<u>僧導</u>等，名僧輩出，蔚成「三論」與「成實」兩學派。故<u>羅什</u>亦被尊為「三論宗」之祖。居十二年而入寂，時為<u>東晉</u>・<u>義熙</u>九年，世壽七十。或謂義熙五年示寂。

11. 又據《<u>梁高僧傳</u>》記載，<u>姚興</u>以<u>鳩摩羅什</u>為聰明超凡之輩，不欲其無嗣，遂以「女十人」逼令受之。<u>元魏</u>・<u>孝文帝</u>曾至<u>洛陽</u>，遣使覓<u>羅什</u>之後嗣，委任以「官爵」。迨至<u>隋</u>世，關中<u>鳩摩</u>氏猶有顯者，或即<u>羅什</u>之後人。(以上資料據《佛光大辭典》再略作修訂)

12.

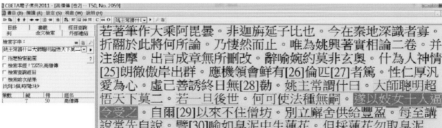

第一卷..15

一－**1** 佛在王舍城之迦蘭陀竹園開講此經......................15

一－**2** 持世(持人)菩薩代眾菩薩請問世尊「六度波羅蜜」及何謂「諸法實相」..15

一－**3** 世尊讚歎持世菩薩為諸眾生所作之功德................17

一－**4** 菩薩有「四利法」(四事義)，應修持「諸法實相」及分別「諸法章句」..18

一－**5** 菩薩有「四法」(四業)，應修持「諸法實相」及分別「諸法章句」..21

一－**6** 菩薩有「四利」(四事)，能得「念力不斷」，令「志性堅固」23

一－**7** 菩薩有「四利法」(四事)，能修習「一切法分別章句慧」....25

一－**8** 菩薩有「四法」(四事)，轉身常得「不斷念」，乃至得「阿耨菩提」..27

一－**9** 菩薩有「五淨智力」(五事)，能具足獲得圓滿功德............29

一－**10** 菩薩若能成就「好樂道法、精進不倦、行無放逸」此「三事法」，則能具足獲得圓滿功德................................32

一－**11** 過去無量阿僧祇劫，有智高王如來，國土無三惡道，眾生皆入「第四禪樂」..34

一－**12** 有五百菩薩，聞諸菩薩「淨智力」，便盡形壽不生「坐心、衣服想、我想、眾生想、人想、男女想、食欲想」..........35

一－**13** 五百菩薩皆修習「好樂道法、精進不倦、行無放逸」此「三事法」，故疾得「阿耨菩提」................................36

一－**14** 如來變現「化佛」，為眾說「斷一切眾生疑 喜一切眾生心 菩薩藏經」。如來已「通達法性」，故能於一毛孔中作種種神通力 38

一－**15** 若能信解「好樂道法、精進不倦、行無放逸」此「三事法」，甚為希有！何況能「信解」如來所行之一切法 39

一－**16** 若有眾生能入如來之「十力、四無所畏、十八不共」法，此皆是如來「恩力」及「威德」所致................................41

一－**17** 應以「好樂道法、精進不倦、行無放逸」三種法而修得「阿耨菩提」..42

一－**18** 佛得菩提至「涅槃」時，猶發「精進」度化眾生。若有此經所住，當知其土「有佛」不滅................................44

—— *19* 「法」尚應捨,何況「非法」?「不貪、不受」諸法名字,於一切法中「無所見」者,是名「見佛」................................46

—— *20* 「真見」者,斷一切語言道。非真、非妄、非有、非無」,離一切法。「不取、不得」一切法。如是見者,名為「見如來」....48

—— *21* 一切法皆是「如來行處」,「如來行處」即是無真實「行處」。一切法之行處,並無真實之法可行................................49

—— *22* 諸法「無入、無出、無形、無合、無散、無縛、無解」,故諸法門皆無有真實之「門」................................51

—— *23* 若欲得「諸法實相、意力、不斷念、阿耨菩提」者,須勤修此法門................................53

—— *24* 若有菩薩勤修此法,則可獲得「九種」方便 54

—— *25* 「色陰」無有「自性」,但以前世業力之「四大和合」及「眾因緣」,故假名為「色陰」................................57

—— *26* 一切的「憶想分別」皆非「真實」,凡夫依止由「顛倒」所生起之「虛妄色」,為色所「縛害」,故往來六道輪迴,皆由深著「色相」................................59

—— *27* 若於「色相」生起「愛念貪著」,應善觀「色」之「正相、平等相、滅相、滅道相」,及色相乃「無所從來,亦無所去」..........60

—— *28* 凡夫皆為虛妄之「苦受(恚結)、樂受(愛結)、不苦不樂受(無明結)」三受所害................................62

—— *29* 「受陰」從顛倒之「憶想分別」生起,無有真實之「受者」,皆由「先世」及「今世」種種「業力因緣」生起。諸受乃「自性空」63

—— *30* 應以「無陰、不真陰、顛倒陰、不住陰」去觀察「受陰」。「受陰」不在「內、外、中間」,無所從來、無有所屬 65

—— *31* 菩薩正觀「受陰」,能「如實」知「受陰」之「集、滅、滅道」,能通達「受陰」之「無生」相................................67

—— *32* 菩薩正觀「想陰」,皆從「顛倒」生起,虛妄不堅固、不真實、不生相,但以「眾因緣和合」,從「先世」之種種業力因緣生起 68

—— *33* 「想陰」是凡夫妄想,皆為「顛倒虛妄」,屬「諸因緣」,但「假名」為「想陰」................................70

—— *34* 菩薩正觀「想陰」,不見「想陰」若來處、若去處,但以「顛倒」相應,及「先世」之種種業因所生起................................71

—— *35* 菩薩正觀「行陰」,皆從「眾因緣」顛倒生起,虛妄不真。由

「先世」種種「業力因緣」果報所攝 73

一－36 凡夫起「顛倒想」，貪著「身口意」行，「憶念分別」是「行陰」，為「行陰」所縛，馳走往來 75

一－37 菩薩正觀「行陰」無有「根本」，乃「眾緣和合」，是中無有「真實」之「行陰」 75

一－38 應清淨「身口意」行，不應貪著「行陰」。應觀「行陰」之過惡。如是觀者，名為「如實」正觀「行陰」 77

一－39 「行陰」無「決定相」。譬如「芭蕉」，「堅牢相」不可得，「無堅牢相」亦不可得 79

《持世經》兩種譯本對照 93

第二卷 93

二－1 「識陰」從「顛倒」生起，由「先世」業力及「現在諸緣」所繫縛。「識陰」從「憶想分別」生起，「假借」而有 93

二－2 「識陰」或名為「心、意、識」，皆是「意業分別」故。從「眾因緣」生，故「無自性」，念念「生滅」 94

二－3 凡夫貪著「識陰」，依止所「識」，依止「識」種種示「思惟」故，生起「識陰」，「假借」強名是「心、意、識」 95

二－4 凡夫貪著「識陰」，為「識陰」所縛，由「心、意、識」眾緣和合，故生起種種「識陰」 96

二－5 菩薩應如是正觀「識陰」，從「虛妄識」生起，所謂「見、聞、覺、知」法：為「眾因緣」所生。凡夫於「無法」生「法想」，故貪著「識陰」 98

二－6 凡夫為「虛妄」所縛，故於「識陰」中貪著「我、我所、內、外、彼、我」，故為「識陰」所縛 100

二－7 菩薩應「知實」知「識陰」之「集、滅」道。能不生「識陰」，亦不滅「識陰」。知「識陰」從本已來即「無生」性 101

二－8 「識陰」乃無「生者、作者、起者、受者、所受者」。但以「眾因緣」生起故有，及緣「見、聞、覺、識」法故繫有 102

二－9 菩薩應如實正觀「五受陰」之「無常相」，則能除斷「欲染」..104

二－10 菩薩應如實正觀「五受陰」之微細「生滅相」，人類因「歌羅羅」之「五受陰」相，故假名為「人」..104

二－11 菩薩應如實正觀「無色界」諸天之「五受陰」微細「生滅相」。惟諸佛如來善知「五受陰」之微細「生滅相」..106

二-*12* 凡夫「不知、不見」種種虛妄之「取著」，於「顛倒」因緣中而「取著」諸法，故為「諸取」所繫縛 107

二-*13* 凡夫從「顛倒」生，入「無明」網，馳走往來，皆因貪受「五受陰」相 109

二-*14* 凡夫貪著「五陰」，故馳走諸趣。貪歸「見、聞、覺、識、愛、無明」 110

二-*15* 若人能觀察「五受陰」乃「空無所有」，皆從「顛倒無明」生起。此人得脫「地獄、畜生、餓鬼」苦惱 112

二-*16* 若人貪著「五陰」，不知佛「隨宜」所說之「五陰」法，是人不受「佛教」，不應受「供養」。非佛弟子，入於邪道 113

二-*17* 若有出家法師貪著「五陰」者，則不應聽受「一杯之水」之供養 115

二-*18* 欲得「諸法實相、阿耨菩提」者，應常觀是「五陰」之「無常、苦、無我、虛妄相、不堅牢、畢竟空、從本已來不生相」 116

二-*19* 過去有大意山王佛及德益國王 117

二-*20* 德益國王有無量意、無量力二子 118

二-*21* 無量意、無量力二王子，於三月中，以一切樂具，供佛及僧，供養已畢，於佛法中，俱共「出家」 119

二-*22* 大意山王佛為無量意、無量力二王子，廣說「五陰、十二入、十八性」菩薩方便經 121

二-*23* 無量意、無量力二菩薩觀察修行是「五陰性」，最終次第作佛，一名無量音，二名無量光。若欲得菩提者，應勤修集「五陰、十二入、十八性」 122

二-*24* 於「眼性」中，「眼性」不可得。「眼性」虛妄無所有，皆從「憶想分別」生起。「眼性」無有「決定相」，「虛空性」即是「眼性」123

二-*25* 「眼根、色塵、眼識」三事眾緣和合，假名為「眼性」。菩薩應通達「無性」即是「色性」 125

二-*26* 於「眼識」中，無「眼識、眼識性、常性、根本、決定法、所示」。「眼識」但以先世業力及現在「因緣」生起，故假名為「眼識性」 126

二-*27* 賢聖通達「眼識性」即是「無性、無決定性」。但從「眾因緣」生，屬「諸因緣」，故假名為「眼識性」 128

二-*28* 此中並無真實之「眼性、色性、眼識性」。若有人通達如來所說「諸性方便」者，則知此「三性」皆「無性」也 129

二－29「意性」中「無意性、無決定性」，根本無所有。「意性」不在意「內、外、中間」，但以「先世業力」種種因緣而生起 130

二－30「法性」亦從「眾緣」而生起，故即「無自性」。於諸因緣法中，無有真實之「自性」，皆從「眾緣和合」之顛倒而相續生起 132

二－31「法性」即是「無性」，不在「過去、未來、現在」，但屬「眾因緣」和合，故假名名「法性」 133

二－32「意識性」無根本，無有「定法」，「不生、不決定、無性相、非內外中間」 135

二－33聖人通達「不生相」是「意識性」，無來、無去、無緣。於「第一義」中，「意識性」乃不可「得」，不可「示」 137

二－34智者不得「欲界、色界、無色界」，是三界皆無，根本無有「定法」，從「眾緣」生起，「智者」知見「無界」是「三界」 138

二－35菩薩應觀「眾生性、我性、虛空性」，無別、無異。如是諸性，皆從「虛空」出，亦從「眾緣生」，故假名為「性」。此中無決定之「性相」 140

二－36菩薩雖以「世俗言說」引導眾生，而仍示眾生「第一義」諦。雖善知分別「諸性」，而仍信解通達「一切諸性」皆「無所有」 142

二－37「第一義」中無「諸性」，一切諸性皆「無所有、無決定、同虛空、入無生相」 143

二－38諸法皆「空、如幻、無實、無有根本」。諸法皆誑妄「凡夫」，諸法皆繫於種種的「虛妄因緣」中 145

《持世經》兩種譯本對照 147

第三卷 147

三－1「眼入」但從「眾因緣」生起，以「色」作緣，故假名為「眼入」 147

三－2於「第一義中」，「眼入、色入」皆不可得，非「內、外、中間、過去、未來、現在」，皆從「眾因緣」生起，與「顛倒」相應而行 148

三－3如來說「十二入」皆無決定相，屬「諸因緣」，與「顛倒」相應而行 149

三－4眼不知「眼性」，色亦不知「色性」。眼、色，皆「無性、無法」，此中無一「決定相」 151

三－5「意」不依「法」、「法」亦不依「意」，由「眾因緣」而生。於「第一義」中，「意入」與「法入」皆不可得 152

三-6「諸入」皆從「眾因緣」生,與顛倒相應而行,非「內、外、中間、過去、未來、現在」。「意入、法入」實不可得 153

三-7「意入、法入」,無「作者、使作者」,皆從「眾因緣」生,隨凡夫「顛倒心」故作此說 154

三-8「十二入」皆「虛妄」,從「眾因緣」而生,與顛倒相應 156

三-9 菩薩正觀「十二入」皆虛誑、不牢堅,為「眾緣」生法,空如「幻相」 157

三-10 凡夫無知見,故為煩惱所「入」,成就「十二入」。「十二入」皆與「愛恚」共和合 158

三-11 於「無明」中並無真實之「法」,亦不知何謂「明」,此即「無明」義 160

三-12 以「名色」為因而緣「六入」,從「六入」再生「觸」......等等 161

三-13「無明」本無、本性空,故其「本際」亦不可得 162

三-14「無明」不知「無明」,「行業」不知「行業」。「無明」與諸「行業」,皆從「顛倒」之「無明」所生 164

三-15「識」雖不依「行業」,但亦不離「行業」而生「識」。「識」無有「生」者,亦無「使生」者;但緣「行業」,相續不斷,故有「識」生 165

三-16「觸」即空無所有,從「憶想、顛倒」而生起,是「觸」乃「無方、無處」,亦無真實之「觸」性 167

三-17 諸「受」無「決定相」,亦無所有,皆從「顛倒」生起而有「顛倒」用 168

三-18「愛」不與「取」合、亦不能生「取」、亦不能從「餘處」而生出「取」來。但隨「因緣和合」故說:以「愛」為因而緣「取」 170

三-19「取」不與「有」合、亦不能生「有」、亦不能從「餘處」而生出「有」來。但隨「因緣和合」故說:以「取」為因而緣「有」 171

三-20「有」與「生」兩者乃「非緣、非不緣」。「有」尚不可得,何況從「有」而生「生」。但隨「因緣和合」故說:以「有」為因而緣「生」 173

三-21「生」不與「老死」等合、亦不能生「老死」等、亦不能從「餘處」而生出「老死」等來。但隨「因緣和合」故說:以「生」為因而緣「老死、憂悲、苦惱」 174

三-22 觀「十二因緣法」,不見「因緣法、因緣相」,三世皆無。「因

緣」乃「無緣、無生、無相、無作、無起、無根本」，從本已來，一切法「無所有」...176

三－23 若能觀「十二因緣」之「集、散」相，是名得「無生」智慧，是名通達「十二因緣」...177

三－24 若人通達「十二因緣」即是「無生」義，是人得接近「現在諸佛」。於諸「惡魔」，無所怖畏。得度「生死流」，至「安隱之處」...179

三－25 菩薩應善觀察「四念處」之「身、受、心、法」.............180

三－26 觀身無一「常定、堅牢」之相，如水沫聚，不可撮摩。是身常為「八萬虫」之所住處...181

三－27 身乃「性空」，無一「決定」相，皆從前世「眾因緣」生起。故不應於「身」中生「我、我所」想，不應惜身「壽命」.............183

三－28 身無有「作者、起者」，從「眾因緣」生，是「因緣」能「和合」身體...184

三－29 「諸受」無「決定相」，無有「根本」，無一「定法」，新新「生滅」，無有「住時」...186

三－30 「心」從本已來「不生、不起」，性常「清淨」，為「客塵」煩惱所染，故心有「分別」...188

三－31 諸法不在「內、外、中間」，亦非三世。諸法但從「眾因緣」生，由「顛倒」生起，故諸法無有「決定相」.............191

三－32 諸法無有「差別、分別相」，皆從眾生「顛倒」而生。諸法乃「無處、無方、無自性、離根本、非一相、非二相、非異相」...193

三－33 菩薩修習「五根」時，需信一切法皆從「眾因緣」生，由「顛倒」所起，虛妄緣合，似如火輪，又如夢性.............195

三－34 菩薩摩訶薩行持「精進」乃為除「五蓋」：❶貪欲❷瞋恚❸惛眠❹掉舉惡作❺疑...197

三－35 菩薩修習「念根」者，需常攝念一處，「布施」柔和，具足「梵行」，持畢竟「清淨戒眾、定眾、慧眾、解脫眾、解脫知見眾」...199

三－36 菩薩修習「定根」者，常行「禪定」，不依「禪定」，不貪「禪定」。善知「入、住、起」禪定，而於禪定「無所依止」.............200

三－37 菩薩修習「慧根」者，需觀擇三界「一切皆空」，皆「無相、無願、無生、無作、無起」...201

三-**38** 菩薩應善知眾生「諸根器」，亦能善學分別「諸根器」....203

《持世經》兩種譯本對照..................................207
第四卷..207

四-**1** 菩薩應善知「八正道」，「不念、不貪著、不緣、不行、不分別」一切諸見，是名「正見」。若貪著「涅槃見、佛見」，亦名「邪見」..207

四-**2** 一切法「寂滅」不生不滅，同於「涅槃」。於諸法能「不正、不邪、不取、不捨」，是名「出世間正見」...................208

四-**3** 一切「思惟」皆為是「邪」，乃至「涅槃思惟、佛思惟」，皆是「邪思惟」。若人安住「正思惟」時，則離一切「邪、正」.............210

四-**4** 一切語言皆「虛妄」不實，從「顛倒」生起，但「憶想、分別」，從「眾因緣」而假名有「語言」.................211

四-**5** 如實「知見」一切業故，如實於法中而「無取、無捨」，是名為「行正業」...212

四-**6** 若著有「命相、法相、取相」，乃至「涅槃相、佛相、清淨佛法相」，住於是中而仍作「清淨命」，此皆名「邪命」.................213

四-**7** 「正精進」者，於一切法中乃「無發、無作、無行、無願」。不復分別是「邪精進」、是「正精進」，方是真正之「正精進」.......214

四-**8** 一切念皆從「虛妄因緣」生起，若有生起「念處」，皆為「邪念」。若於處所「無生、無滅、無念、無正念、無邪念」，是名真實通達「正念」...216

四-**9** 不「貪著」，不分別「此、彼」，斷「貪著」喜，不受「定味」。心無所住，是名「正定」.................................218

四-**10** 凡所有法，皆由「憶想、分別、顛倒」生起，從「眾因緣」生...220

四-**11** 無真實之「五陰、十二入、十八性」，「無分別、無名字，無性、無相、無行」，即名為「出世間」.....................221

四-**12** 「世間」與「出世間」乃「非合非離、不二、無分別」，需「如實」證知此法...223

四-**13** 諸「有為法」，不在「內、外、中間、合、散」，從虛妄根本「分別」所生起，由「無明」因緣故，皆無所有.................225

四-**14** 非離「有為法」而得「無為法」，亦非離「無為法」而得「有為法」。「有為法」之「如實」相，即名為「無為法」.................226

四-**15** 若人通達知見「有為、無為」法，是人更不復有「生、滅、住

異」三相...228

四－**16** 諸法無所「住、繫」，亦不「貪受」諸「有為法、無為法」230

四－**17** 若能善知「五陰、六入、十二處、十八界、十二因緣、四念處、五根、八聖道、世間、出世間、有為、無為」者，當得善知「諸法實相」...231

四－**18** 過去無量阿僧祇劫有佛，號閻浮檀金須彌山王如來，為諸菩薩說「斷眾生疑 菩薩藏經」...232

四－**19** 時有寶光菩薩，得聞「五陰、六入、十二處、十八界、十二因緣、四念處、五根、八聖道、世間、出世間、有為、無為」法，便發大精進...233

四－**20** 寶光菩薩由無量光佛為其「授記」，將來成佛，號一切義決定莊嚴如來...234

四－**21** 若欲得「諸法方便」，需於「四法」中勤行「精進」。❶「出家」❷「獨行」❸「持戒清淨」❹「除懈怠心」...235

四－**22** 若能善觀諸法之「無量緣、無量方便、無量方便生起」，即可入「總持門」，獲「諸法實相」...237

四－**23** 菩薩通達一切諸法隨宜之「因緣」，以「一因緣」能入「千種因緣」，能得一切「諸法實相方便」...238

四－**24** 菩薩應常觀「世間法、有為法、世諦法」緣方便，能疾得「諸法實相方便」...239

四－**25** 過去無量無邊不可思議阿僧祇劫，有佛號無量光德高王如來，其佛國土，無「三惡道」，亦無「三惡道」名...240

四－**26** 無量光德高王佛為諸眾生說「般若波羅蜜」，及「菩薩藏 斷一切眾生疑 喜一切眾生心經」法...242

四－**27** 颰陀和（賢護菩薩）及橋曰兜等五百菩薩，於佛前發願：我等當為守護如是等經...244

四－**28** 佛將為阿難說颰陀和（賢護菩薩）及橋曰兜等五百菩薩：其守護是經的「功德」...245

四－**29** 佛告阿難說：颰陀和（賢護菩薩）及橋曰兜等五百菩薩：其利益眾生之「功德」，於算數譬喻，皆不能為比...246

四－**30** 是五百菩薩，本行菩薩道時，已令無量諸佛住於「佛道」，已世世護持教化成就百千萬億諸佛，皆使成「阿耨菩提」...248

四－**31** 颰陀和（賢護菩薩）及橋曰兜等五百菩薩，皆是眾生之「菩薩

父母、菩薩種」，亦能令無量百千眾生皆住「菩薩乘」............249

四－**32** 此諸善男子，皆為無量阿僧祇「國土」中現在諸佛之所「護念」..250

四－**33** 若有人於後末世，得聞如是「深經」，信解而發誓願，勤行「精進」，護持是經，佛皆與此人受「阿耨菩提」記..............251

四－**34** 若有人能「受持、讀誦」是經者，不久當得「一切智慧」。佛今亦與是人「受記」，令疾得具足「一切智慧」及「諸法實相」.252

四－**35** 若於後末世時，能得值是經。此人為「菩薩藏」所攝，能與諸「波羅蜜」相應。不為「魔事」所覆，不為「業障」所惱，得佛「受記」..254

四－**36** 菩薩見此「四利」故，於後末世，應護持如是等經，而發誓願..255

四－**37** 颰陀和(賢護菩薩)及憍曰兜等五百菩薩，得聞是《法印品經》，於佛前發願護持是「深法」..............256

四－**38** 佛說是《法印品經》時，有無量無邊眾生，發「阿耨菩提」心，得佛受「阿耨菩提」記..............257

第一卷

一—1 佛在王舍城之迦蘭陀竹園開講此經

西晉・竺法護 譯 《持人菩薩經》	後秦・鳩摩羅什 譯 《持世經》
《四事品・第一》	《初品・第一》
⑤聞如是，一時佛遊王舍城 (Rāja-gṛha) 加隣竹園 (Veṇuvana-kalandakanivāsa)中，與大比丘眾千二百五十，菩薩不可計。	⑤如是我聞，一時佛在王舍城 (Rāja-gṛha) 迦蘭陀竹園 (Veṇuvana-kalandakanivāsa)，與大比丘僧俱。
⑥一切大聖，神通已達，辯才無礙，慧不可量，諸根寂定，見一切本，應病與藥，靡不蒙濟，為法橋梁，度脫三界也。	
⑦爾時世尊，與無央數百千之眾眷屬圍繞，而為說經。	⑦爾時世尊，與若干百千萬眾，恭敬圍繞，而為說法。

一—2 持世（持人）菩薩代眾菩薩請問世尊「六度波羅蜜」及何謂「諸法實相」

西晉・竺法護 譯 《持人菩薩經》	後秦・鳩摩羅什 譯 《持世經》

壹時持人菩薩,即從坐起,正服長跪,前問佛言:菩薩何行?建立誓願,無限功勳,曉了諸法。

貳

❶❷❸❹分別一切諸度「無極」(pāramitā 波羅蜜;到彼岸)。識解無量方便「善權」。弘要被不可喻。

❻「戒德」大鎧,真正道義。
❼為眾生願,弘恩「仁慈」。
❽覆如虛空,不可測度。
❾其心清淨,「德行」具足。
❿「布施、持戒、忍辱、精進、一心、智慧」,普度「無極」(pāramitā 波羅蜜;到彼岸)。

參若有眾生欲奉斯業,殊特之原,無上大道。今故為斯,如此等類,啓問如來。菩薩大士諮問如來:「言教」處所,周遊三界,所行備悉,勤修禁戒,無所忘講。奉清淨行,遊居成辦,遵無極慧,無量方便,隨時開化。為此眾生,有心存法,不能自達,故問如來。

壹會中有菩薩摩訶薩名曰持世,為諸菩薩摩訶薩,無量功德莊嚴發心。

貳

❶欲善知一切法「彼岸」。
❷欲善知發無量「願」,具足無量莊嚴。
❸欲通達無量諸法「決定相」。
❹欲發無量莊嚴願,深心所行清淨。
❺欲善知清淨具足「布施」。
❻欲善知畢定清淨「持戒」。
❼欲善知具足「忍辱」柔軟之心。
❽欲善知清淨「精進」。
❾欲善知清淨「禪定」。
❿欲善知通達「般若」波羅蜜彼岸。

參以如是等無量功德故,從坐而起,偏袒右肩,合掌向佛白佛言:世尊!我欲問佛,為利益安樂一切眾生,及諸菩薩摩訶薩不斷「佛種」者,具足威儀行處,不著「持戒」,具足「清淨戒」,受行大法,善知持無量「行處」道法,為是諸菩薩故。

㝆何謂菩薩「曉了諸法」？能以隨時為人「班宣」(頒布宣諭)。

㘣我今問佛世尊：云何菩薩摩訶薩能善知「諸法實相」？亦善分別「一切法章句」。

㣿其心堅強，力念不忘，致微妙慧，解一切法，章句誼(同「義」)理所生之處，常識「宿命」，不中忽忘，至成「無上正真之道」，為最正覺也。

㣿云何菩薩摩訶薩能得「念力」？亦轉身成就「不斷之念」，乃至得「阿耨多羅三藐三菩提」。

一一3 世尊讚歎**持世**菩薩為諸眾生所作之功德

西晉・竺法護 譯 《持人菩薩經》	後秦・鳩摩羅什 譯 《持世經》
㔄佛言：善哉！善哉！**持人**菩薩，多所哀念，多所安隱，愍傷諸天，及十方人。乃為一切，諮問如來如斯要義，功勳之德，不可盡極。	㔄爾時世尊告**持世**菩薩言：善哉！善哉！**持世**！汝能為諸菩薩摩訶薩故，問如來是事，當知汝則多所「安隱」眾生，憐愍世間，利益安樂諸天世人，亦為今世後世諸菩薩等作「大光明」，汝之功德不可限量。
㔅 ❶決一切「疑、猶豫」羅網，以大「弘慈」，加於眾生，顯示「大明」。 ❷(為)現在將來諸菩薩，施行「無(遍)蓋哀(愍)」。	㔅能問如來如是之事，汝必： ❶欲斷一切眾生之「疑」，「愛護」一切眾生，為作「光明」。 ❷欲示眾生「義利」。

❸為眾生故，普現「大道」。	❸欲令眾生得度「嶮道」。
❹興舉「弘誓」，將「護」一切，為開發化濟「眾厄」，令得「自歸」，使度「彼、我」。	❹欲為眾生「作歸、作舍、作洲、作救」。
❺（為）拔濟眾生，不墮「三惡」勤苦之獄。	❺欲拔「三惡道」眾生。
❻乃以勸之，使立「大道無上正真」。	❻欲置眾生於「無上道」。
❼（為）欲脫眾生「生老病死、啼哭之惱、憂困之患」。	❼欲脫眾生「生老病死、憂悲苦惱」。
❽（為）使長「安隱」。	❽欲與眾生無上「涅槃」之樂。
❾（為）將來最後末世，流布「正法」。	❾汝欲於後世守護「正法」。
❿（為）消大恐畏，令無所懼。	❿於後恐怖惡世，欲度眾生。
（參）諦聽！諦聽！善思念之。	（參）持世！汝今善聽，諦思念之，吾當為汝解說此事。
（肆）持人菩薩與諸大眾受教而聽。	（肆）唯然，世尊。

一－4 菩薩有「四利法」(四事義)，應修持「諸法實相」及分別「諸法章句」

西晉·竺法護 譯 《持人菩薩經》	後秦·鳩摩羅什 譯 《持世經》
（壹）佛語持人：菩薩有「四事義」，觀其言教，曉了諸法，能以隨時，	（壹）佛告持世：諸菩薩摩訶薩見「四利」故，勤修習「諸法實相」，

為人頒宣(頒布宣諭)。何謂為四？

(1)心念成就，逮致「正真」。
(2)志存道法，未曾「忽忘」。
(3)性行「柔和」，庠序(「庠」通「詳」→安詳肅穆)「仁慈」。
(4)其「心」所興，與眾殊異。
是為四。

亦善分別「一切法章句」。何等四？

(1)當得「具足念」。
(2)當得「不斷念」。
(3)當以「安慧」而自增長。
(4)念常在「心」。
持世！是為諸菩薩摩訶薩見此「四利」故，勤修習「諸法實相」，亦善分別「一切法章句」。

㊉復有四事。何謂為四？

(1)分別道義，「決」諸種姓(gotra 種性。一切眾生具有可能證得菩提之本性)。
(2)曉了眾行「義理所趣」。
(3)宣布一切諸法「至要」。
(4)達諸法本，隨而「開度」。
是為四。

㊉持世！諸菩薩摩訶薩復見「四利」，勤修習「諸法實相」，亦善分別「一切法章句」。何等四？
(1)當善知「決定」諸法義。

(2)當善知諸法義。
(3)當善知諸法種種「因緣」。
(4)當善入諸法「如實門」。
是為四。

㊌復有四事。何謂為四？

(1)「解」無央數所行諸法。
(2)以行超越暢無量法。
(3)所當應宜「剖判」(辨別；判斷)所行。
(4)無底功勳，識別諸法，因斷諸習。

㊌持世！諸菩薩摩訶薩復見「四利」，勤修習「諸法實相」，亦善分別「一切法章句」。何等四？
(1)當善知無量「法相」。
(2)當「修習、善知、決定」無量法。
(3)當行無量「功德」而自增長。
(4)當知見諸法「生滅相」。

是為四。	是為四。
㊣復有四事。何謂為四？	㊣持世！諸菩薩摩訶薩復見「四利」，勤修習「諸法實相」，亦善分別「一切法章句」。何等四？
⑴因其正行，逮(到；及)「無上正真之道」。	⑴當近「阿耨多羅三藐三菩提」。
⑵疾具足「滅道」(nirodha-satya 滅諦)行之法「三十七品」。	⑵當疾具足助「菩提法」。
⑶通達諸法「自然之智」，無所依仰。	⑶當不隨「他語」，善知諸法方便故。
⑷解權「方便」，成一切愍(哀愍；慈悲)。	⑷當善知一切「智慧」。
是為四。	持世！是為諸菩薩摩訶薩見「四利」故，勤修習「諸法實相」，亦善分別「一切法章句」。
㊄復有四事。何謂為四？	㊄持世！諸菩薩摩訶薩復有「四法」，勤修習「諸法實相」，亦善善分別「一切法章句」。何等四？
⑴心離「穢垢」，不懷「慳嫉」。	⑴為利益眾生故，心無「慳垢」。
⑵以是「恩仁」，攝眾生類。其「戒」清淨，所行解明。	⑵常行「清淨戒」(sīla)、安住「毘梨耶(vīrya 精進)」波羅蜜故。
⑶常奉「精進」，未曾懈廢，勤修「清淨」，建立成就。	⑶發行「精進」，不休不息。
⑷曉了順行，專思「道業」。	⑷正思惟故，善行「般若」波羅蜜。
是為四。	是為四。

一 — 5 菩薩有「四法」（四業），應修持「諸法實相」及分別「諸
法章句」

西晉・竺法護 譯 《持人菩薩經》	後秦・鳩摩羅什 譯 《持世經》
⑤復有「四業」。何謂為四？	⑤持世！諸菩薩摩訶薩復有「四法」，勤修習「諸法實相」，亦善分別「一切法章句」。何等四？
⑴志性「清淨」，所願解明。 ⑵所行功勳，至德「清淨」。 ⑶「忍辱」仁和，建立妙法。 ⑷以逮顯明，無所不照，分別經義，暢入道門。 是為四。	⑴成就具足「深心清淨」之願。 ⑵具足成就「清淨」所行功德。 ⑶安住柔和「忍辱」功德。 ⑷得分別「諸法實相」光明。 是為四。
⑩復有「四業」。何謂為四？	⑩持世！菩薩摩訶薩復有「四法」，勤修習「諸法實相」，亦善分別「一切法章句」。何等四？
⑴夙夜勤修，求「一切智」。 ⑵志存一心「定意（禪定）正受」，曉了「（解）脫門」。 ⑶奉于「大哀」，無極之「慈喜」護濟厄，逮致「深慧」，修清淨行。 ⑷暢達正義，解了道行。 是為四。	⑴以大欲求「一切智」。 ⑵善知分別「禪定、解脫」諸三昧而生大欲。 ⑶欲得「大慈悲喜捨」心故，方便行「清淨行處」。 ⑷善修習「決定義」。 是為四。
⑩復有「四業」。何謂為四？	⑩持世！菩薩摩訶薩復有「四法」，勤修習「諸法實相」，亦善分別「一切法章句」。何等四？

⑴遵承「智慧」，所行具足。	⑴具足「慧行」。
⑵聖明清淨，「志願」弘大。	⑵亦求「清淨智」行處。
⑶愛樂至德，「無罣礙慧」。	⑶樂「無礙智」。
⑷心存「普救」，未曾捨行。	⑷亦常不離一切「智慧」之願。
是為四。	持世！是為菩薩摩訶薩有「四法」，勤修習「諸法實相」，亦善分別「一切法章句」。
㊣復有「四事」，察言觀義，心誓堅固。何謂為四？	㊣持世！菩薩摩訶薩見「四利」故，能求「念力」。何等四？
⑴其意堅強，所求具足。	⑴當修集具足「念根」。
⑵性行安詳，所思備悉。	⑵當行「安慧」。
⑶其行究竟「不斷道念」。	⑶當具足「不斷念」。
⑷修「四意止」(四念處)，成就雅德。	⑷當修集具足「四念處」。
是為四。	是為四。
㊣復有「四事」，察言觀義，志存堅固。何謂為四？	㊣持世！菩薩摩訶薩復見「四利」，能求「念力」。何等四？
⑴以得立心，念佛業道品之法「三十有七」。	⑴具足諸助「菩提法」故，念常在心。
⑵意根通利(通暢；無阻礙；無有忘失)，曉了往宿無央數劫「所生之處」。	⑵以利念根，善修集「宿命」。
⑶意以平正，聖慧清淨。無能毀斷，疾成佛道。	⑶具足「清淨智慧」故，當疾得「不斷念」。
⑷攝取至真「佛一切智」。	⑷當種「一切智慧」因緣。
是為四事。	是為四。

一一6 菩薩有「四利」(四事)，能得「念力不斷」，令「志性堅固」

西晉・竺法護 譯《持人菩薩經》	後秦・鳩摩羅什 譯《持世經》
⑱復有「四事」。何謂為四？ ⑴察識方便，慕具「慧義」。 ⑵曉了勤修，顯「真諦慧」。 ⑶緣是親近，得至佛道。 ⑷所行精進，未嘗忽忘。 是為四。	⑱持世！菩薩摩訶薩復見「四利」，能求「念力」。何等四？ ⑴當修集具足「思惟方便」。 ⑵當修習「如實智慧」。 ⑶當發勤「精進」，得諸佛法故。 ⑷當不忘「憶念」，得「不斷念力」故。 持世！是為菩薩摩訶薩見四利故能求念力。
⑲復有四事，志性堅固。何謂為四？ ⑴常奉「精進」，不遠佛道。 ⑵志性「安和」，能制其「意」。 ⑶普解諸法，未曾「放逸」。 ⑷解暢眾道，「諸根」寂定。常應_⑺（符合）經義，不違佛教。 是為四。	⑲持世！菩薩摩訶薩有「四法」，能得「念力」。何等四？ ⑴念「安慧」故，常勤精進，不休不息。 ⑵常一其心，得「諸法實相」故。 ⑶常「不放逸」，「正憶念」諸法故。 ⑷常護「諸根」，「正思惟」故。 是為四。
⑳復有「四事」，志性堅固。何謂為四？ ⑴立清淨戒，所行無穢。	⑳持世！菩薩摩訶薩復有「四法」，能得「念力」。何等四？ ⑴安住清淨「持戒」。

(2)去「五陰蓋」(❶貪欲蓋❷瞋恚蓋❸惛眠蓋❹掉舉惡ㄨ作蓋❺疑蓋)，不為所蔽。

(3)心無所著，未曾懈廢。

(4)蠲除眾罪，所滅「塵勞」。
是為四。

㊒復有「四事」，志性堅固。何謂為四？
(1)心不憒亂，求正真法。
(2)方便安心，順一切法。
(3)曉了隨時，不失儀節。
(4)所生之處，不貪「家業」，志存「沙門」。
是為四。

㊒復有「四事」，志性堅固。何謂為四？
(1)常親「善友」，遠「惡知識」。
(2)志慕深法，未曾放逸。
(3)歸命「諸佛、諸菩薩」俱。
(4)諮問「禁戒」，曉了諸觀。
是為四。

---

(2)成就清淨「威儀」行處。

(3)除去心中「五蓋」(❶貪欲蓋❷瞋恚蓋❸惛眠蓋❹掉舉惡ㄨ作蓋❺疑蓋)。

(4)不為世法所染，離「業障、煩惱障」。
是為四。

㊒持世！菩薩摩訶薩復有「四法」，能得「念力」。何等四？
(1)以「不散心」求「善法」。
(2)勤修習「一心相」。
(3)善知正入諸法門。
(4)不樂「憒ㄟ鬧」，遠離「在家」。
是為四。

㊒持世！菩薩摩訶薩復有「四法」，名能得「念力」。何等四？
(1)親近「善知識」。
(2)常修習「深法」。
(3)常樂至「諸佛菩薩」所。
(4)常樂請問修習「智慧」。

持世！是為菩薩摩訶薩有「四法」，名得「念力」。

一－7 菩薩有「四利法」(四事)，能修習「一切法分別章句慧」

西晉・竺法護 譯《持人菩薩經》	後秦・鳩摩羅什 譯《持世經》
ⓐ復有四事，觀義察言，普解法句。何謂為四？	ⓐ持世！菩薩摩訶薩見「四利」，能修習「一切法分別章句慧」。何等四？
⑴建眾方便，了諸道業。	⑴當善知一切「諸法實相」。
⑵解諸法門「因緣報應」。	⑵當分別一切法「所因」。
⑶志上慧義，分別佛道。	⑶當知諸法「決定」之義。
⑷解暢「諸法章句」所趣。	⑷當善知一切法「言語章句」。
是為四。	是為四。
ⓑ菩薩復有四事，觀義察言，曉了分別「諸法章句」。何謂為四？	ⓑ持世！菩薩摩訶薩見「四法利」，能修集「一切法分別章句慧」。何等四？
⑴解暢宣布「真實言教」。	⑴當善知諸法「隨宜次第」。
⑵敷演諸法，無所不達。	⑵當善知一切法「因緣方便」。
⑶剖判諸法方便具足。	⑶當具足修集一切法「方便」。
⑷明知諸義「本所從習」。	⑷當分別知「了義、末了義」經。
是為四。	是為四。
ⓒ復有「四事」，觀義察言。何謂為四？	ⓒ持世！菩薩摩訶薩復見「四法利」，能修集「一切法分別章句慧」。何等四？
⑴奉行聖慧，分別道業。	⑴當善學「是道、是非道」慧。
⑵逮得「勢力」，宣布諸法。	⑵當得一切「法義」說力。
⑶速成佛道「清淨之慧」。	⑶當疾得「清淨智慧」行處。
⑷明度「無極」(波羅蜜)，普以備足。	⑷當具足修「智」波羅蜜。

是為四。	持世！是為菩薩摩訶薩見「四法利」，能修集「一切法分別章句慧」。
㊐復有「四事」分別諸法。何謂為四？	㊐持世！菩薩摩訶薩復有「四法」，能修集「一切法分別章句慧」。何等四？
⑴曉了所習，精進修行。 ⑵消滅「因緣」，靡所不了。 ⑶因其逮得「應真」之力。 ⑷隨時勤修，奉受「正典」。 是為四。	⑴善知修集諸法「集相」。 ⑵善知諸法「因滅相」。 ⑶善知諸法「緣相」。 ⑷能入因緣「方便」。 是為四。
㊑復有「四事」，分別諸法。何謂為四？	㊑持世！菩薩摩訶薩復有「四法」，能修集「一切法分別章句慧」。何等四？
⑴曉了萬物一切「無常」。 ⑵分別萬物本因所習。 ⑶精練諸物，皆歸「滅盡」。 ⑷解知無常，便修道業「八正」(八正道)真元。 是為四。	⑴善知諸法「苦」。 ⑵善知諸法「集」。 ⑶善知諸法「滅」。 ⑷善知諸法「滅道」。 是為四。
㊓復有「四事」，分別諸法。何謂為四？	㊓持世！菩薩摩訶薩復有「四法」，能修集「一切法分別章句慧」。何等四？
⑴曉了眾行，合會諸習。 ⑵分別一切，滅盡「諸習」。 ⑶逮得「因緣」無極大力。 ⑷方便斷別「合散」之行。	⑴善知諸法「合散」。 ⑵方便得先因力。 ⑶善知諸法所宜。 ⑷善知分別「文字章句」。

是為四。	是為四。
㊐復有「四事」，分別諸法。何謂為四？ ⑴解暢諸義，言辭所趣。 ⑵曉了眾義，不從他受。 ⑶敷演諸法「一切眾相」慧印之源。 ⑷令一切法，立「無相慧」。 是為四。	㊐持世！菩薩摩訶薩復有「四法」，能修集「一切法分別章句慧」。何等四？ ⑴善知「不了義經」。 ⑵於「了義經」中，不隨「他語」。 ⑶善知一切法「相印」。 ⑷亦善安住一切法「無相智」中。 持世！是為菩薩摩訶薩有「四法」，能修集「一切法分別章句慧」。

一─8 菩薩有「四法」（四事），轉身常得「不斷念」，乃至得「阿耨菩提」

西晉・竺法護 譯 《持人菩薩經》	後秦・鳩摩羅什 譯 《持世經》
㊀復有「四事」，所生之處，常識「宿命」，「心念」不忘，至成「無上正真之意」。何謂為四？ ⑴諸根明利，暢「善、惡」法。 ⑵了他人「意念」是非。 ⑶一切「陰蓋」（❶貪欲蓋❷瞋恚蓋❸惛眠蓋❹掉舉惡ㄨ作蓋❺疑蓋），咸得休息。 ⑷所生之處，常念不忘，志在「無上正真之道」。	㊀持世！菩薩摩訶薩有「四法」，轉身常得「不斷念」，乃至得「阿耨多羅三藐三菩提」。何等四？ ⑴明了「善、不善」法。 ⑵成就「第一念」安慧。 ⑶能離「五蓋」（❶貪欲蓋❷瞋恚蓋❸惛眠蓋❹掉舉惡ㄨ作蓋❺疑蓋）心。 ⑷終不忘念「阿耨多羅三藐三菩提心」。

是為四。	是為四。
㈦復有「四事」,「心念」不忘,至成「正覺」。何謂為四?	㈦持世!菩薩摩訶薩復有「四法」,轉身常得「不斷念」,乃至得「阿耨多羅三藐三菩提」。何等四?
⑴常行定志,曉習方便。 ⑵智慧通暢,明慧為首。 ⑶明所行觀,無所不覩。 ⑷分別道慧,光明遠照。 是為四。	⑴善修集「四念處」。 ⑵善修集學「分別慧」。 ⑶於諸「禪定、智慧」為首。 ⑷於決定智慧中得通達。 是為四。
㈧復有「四事」,「心念」不忘,至「最正覺」。何謂為四?	㈧持世!菩薩摩訶薩復有「四法」,轉身常得「不斷念」,乃至得「阿耨多羅三藐三菩提」。何等四?
⑴逮得「總持」,無所生慧。 ⑵以得超越,永盡「聖慧」。 ⑶以「消滅慧」,觀于三界。 ⑷以「無底慧」,覩見三世。 是為四。	⑴得諸「陀羅尼」門。 ⑵亦修集「無生智」。 ⑶入於「盡智」。 ⑷亦觀於「滅智」。 是為四。
㈨復有「四事」,所生之處,常識「宿命」,無能亂者,至成「正覺」。何謂為四?	㈨持世!菩薩摩訶薩復有「四法」,轉身常得「不斷念」,乃至得「阿耨多羅三藐三菩提」。何等四?
⑴以斷「結著」,莫能亂者。 ⑵口之所言,未曾闕漏。 ⑶皆達一切「諸有業患」,悉是「無	⑴斷於「愛恚」。 ⑵不貪著一切「有為法」。 ⑶心通達「無為智慧」。

為」。

(4)逮得佛行無極大道。

是為四。

㈥佛於是頌曰：

其心念成就，志性常明了，

未曾忽忘法，由是致正覺，

曉了一切法，柔和行仁慈，

以達諸法無，解無央數行，

遵承真智慧，聖達以具足，

去心之穢垢，未曾懷嫉妒，

方便以隨時，分別無上慧，

志願甚弘大，乃至最正覺，

其意得自在，道品三十七，

心根以通達，識宿無數劫，

知苦所由生，習因本根無，

一切所有盡，解之悉本無，

以菩薩正法，開化三界厄，

使諸無明者，皆通無上道。

(4)至「如來」所行處。

㈤持世！是為菩薩摩訶薩有「四法」，轉身常得「不斷念」，乃至得「阿耨多羅三藐三菩提心」。

一一9 菩薩有「五淨智力」（五事），能具足獲得圓滿功德

| 西晉・竺法護 譯 《持人菩薩經》 | 後秦・鳩摩羅什 譯 《持世經》 |

⑤佛告持人：菩薩有「五事」，行清淨力，逮斯德句。何謂為五？
(1)以仁和性，本淨慧力。
(2)所願清淨。
(3)聖明慧力，德本清淨。
(4)道力無量，所誓清淨。
(5)則是慧力，休息罪業，慧力清淨。
是為五。

⑥清淨慧力，復有「五事」。何謂為五？
(1)其力以暢，威儀禮節。
(2)斯念成就，清淨慧力。
(3)善權方便，曉無穢力。
(4)為眾生故，聖力解明。
(5)以通達力，勤修瑞應。
是為五。

⑦復有「五事」，清淨「慧力」，逮是一切功勳之業。何謂為五？
(1)布施清淨，則謂慧力。
(2)救攝眾生，則清淨力。
(3)建立大慈，則淨慧力。
(4)心懷大哀，則淨慧力。
(5)以無極喜，護淨慧力。
是為五。

⑤持世！菩薩摩訶薩有「五淨智力」，能具足得如上功德。何等五？
(1)「心」淨智力。
(2)「願」淨智力。
(3)「善根」淨智力。
(4)「迴向」淨智力。
(5)「障業」淨智力。
是為五。

⑥持世！菩薩摩訶薩復有「五淨智力」，皆具足能得如上功德。何等五？
(1)「威儀行處」淨智力。
(2)「念具足」淨智力。
(3)「方便」淨智力。
(4)「緣眾生」淨智力。
(5)「緣相」淨智力。
是為五。

⑦持世！菩薩摩訶薩復有「五淨智力」，能具足得如上功德。何等五？
(1)「捨心」淨智力。
(2)「利益眾生」淨智力。
(3)「生大慈」淨智力。
(4)「生大悲」淨智力。
(5)「生大喜大捨」淨智力。
是為五。

㈣復有「五事」，為「清淨力」，逮是功勳。何謂為五？

⑴其戒清淨，成無權慧。

⑵以戒禁行，救濟慧行。

⑶以忍清淨，莫能懷恨。

⑷以淨慧力，救濟無勢。

⑸博聞清淨，力靡不通。

是為五。

㈤復有「五事」，具諸功勳。何謂為五？

⑴以「精進」行，志性慧力。

⑵以能「勤修」，應清淨慧。

⑶一心慧力，疾得「定意」（禪定）。

⑷了「禪定」慧。

⑸以寂然淨，察三界空。

是為五。

㈥復有「五事」，逮是功勳。何謂為五？

⑴智慧清淨，博聞無厭。

⑵以見世力，得「度世」（出世間）力。

⑶強而有勢，救脫劣弱。

⑷以聖明力，曉了清淨。

⑸以淨慧力，暢達有無生死、無

㈣持世！菩薩摩訶薩復有「五淨智力」，皆能具足得如上功德。何等五？

⑴「持戒」淨智力。

⑵「不著持戒」淨智力。

⑶「忍辱」淨智力。

⑷「不著忍辱」淨智力。

⑸「多聞」淨智力。

是為五。

㈤持世！菩薩摩訶薩復有「五淨智力」，皆能具足得如上功德。何等五？

⑴「深精進」淨智力。

⑵「受精進」淨智力。

⑶「禪定」淨智力。

⑷「禪定方便」淨智力。

⑸「止觀方便」淨智力。

是為五。

㈥持世！菩薩摩訶薩復有「五淨智力」，皆能具足得如上功德。何等五？

⑴「慧」淨智力。

⑵「多聞決定方便」淨智力。

⑶「世間、出世間」淨智力。

⑷「慧方便」淨智力。

⑸「有為、無為」淨智力。

為。
是為五。

㈤復有五事,成聖明力,逮是功勳。何謂為五?

⑴以承智力,剖判諸觀。
⑵以曉了力,究竟本淨,慧明解脫,以成聖力。
⑶盡無生慧,致于「道力」。
⑷以一相自然淨。
⑸用智力察所有本淨。
是為五。

㈧佛告持人:菩薩大士常當奉行如是比像(比擬象徵)清淨之法,佛於是頌曰:
五力無能當,乃致清淨慧。
五陰蓋消除,神通自然成。
布施持戒忍,精進一心慧。
六度本無形,行者因有名。
道行為一切,諸有不達經。
解三界猶幻,乃致無從生。

是為五。

㈤持世!菩薩摩訶薩復有「五淨智力」,皆能具足得如上功德。何等五?
⑴「觀方便」淨智力。
⑵「明解脫」淨智力。

⑶「無生相」淨智力。
⑷「一相無相」淨智力。
⑸「第一義世諦義」淨智力。

㈧持世!是為菩薩摩訶薩有是「五淨智力」,疾得具足如是一切功德。
持世!以是利故,菩薩摩訶薩於是「淨智力」中,應勤修集。

一一10 菩薩若能成就「好樂道法、精進不倦、行無放逸」此「三事法」,則能具足獲得圓滿功德

西晉・竺法護 譯 《持人菩薩經》	後秦・鳩摩羅什 譯 《持世經》
壹佛告持人：菩薩大士有「三事法」，雖在盛色（圓滿莊嚴），以法淨力，常勤修慧。何謂為三？ ⑴好樂④（喜好）道法。 ⑵精進不倦。 ⑶行無放逸。 是為三。	壹持世！菩薩摩訶薩成就「三法」，於是「淨智力」中，能勤修集。何等三？ ⑴一者「欲」（欲樂④；喜好）。 ⑵二者「精進」。 ⑶三者「不放逸」。
貳復有「三事」，在於色法慧力清淨，疾成「佛道」，至「一切智」。所以者何？	貳菩薩摩訶薩成就此「三法」，能於是具足一切功德「淨智力」中，能勤修集。何以故？
參勤精進者，無放逸本，成就諸法，以是清淨，逮致「道力」，速成精進。一切愍慧行「不迴轉」，以「不迴轉」究暢道法，成就功德，已成功勳，疾逮諸法，通達慧力。	參持世！「欲（欲樂④；喜好）、精進、不放逸」，皆是一切法根本，菩薩摩訶薩得是「淨智力」，能疾得「一切智」，亦名「精進不退」者，亦名「不退法」者，亦以此功德，疾得增長，亦於一切法中，疾得「淨智力」。
肆以逮是者，則世眾祐，便致暢畢無礙之德，乃行如來，逮得聖慧觀如來，不久證明如來道慧。	肆持世！若有人，如是一切法中，得「淨智力」者，是為世間福田。是人次我，能消（愛）供養，是人能至「如來行處」，是人能觀如來法，是人不久能證如來智慧。
伍佛告持人：佛往宿世，行菩薩	伍持世！我本無量阿僧祇劫，

業無央數劫，為燈光佛所見授決。最後究竟，逮如是像「清淨慧力」，所度無極。 ㊞若有菩薩，致是慧者，便轉法輪，我亦如今所轉法輪。暢師子吼，亦復若斯。以致斯慧，便於諸法而得自在，已得自在，便成大道。 ㊞若欲逮是無極道慧，當學是法，亦復不久當疾得佛「無極正覺」。	行菩薩道時，然燈佛與我受記，汝過阿僧祇劫，當得作佛，即時邊知如是「淨智力」。 ㊞持世！若有人於一切法中，能成就如是「淨智力」者，是人當得「阿耨多羅三藐三菩提」，如我今得。 是人亦轉法輪，如我今轉。 是人亦師子吼，如我今師子吼。 是人亦於一切法中得自在力，如我今也。 ㊞持世！汝等於此「淨智力」中，當勤精進，不久自然具足「一切智慧」。

一—11 過去無量阿僧祇劫，有智高王如來，國土無三惡道，眾生皆入「第四禪樂」

西晉・竺法護 譯 《持人菩薩經》	後秦・鳩摩羅什 譯 《持世經》
〈妙慧超王佛品・第二〉 ㊞佛告持人：乃往過去久遠世時，無央數劫不可稱限，越是無量。爾時有佛，號妙慧超王如來、至真、等正覺、明行成為、善逝、	㊞持世！過去無量阿僧祇劫，有佛號智高王如來、應、正遍知、明行足、善逝、世間解、無上士、調御丈夫、天人師、佛、世尊。

西晉・竺法護 譯《持人菩薩經》	後秦・鳩摩羅什 譯《持世經》
世間解、無上士、道法御、天人師、為佛、世尊」。	
㈡其佛世時，諸「聲聞眾」不可計數，其諸「菩薩」無央數會，皆是其佛，本學道時，至願所致。	㈡持世！是<u>智高王</u>如來，有無量「聲聞僧」，亦有無量諸「菩薩僧」，是佛本願因緣所致。
㈢佛國清淨，功勳巍巍，其佛國土無「三惡趣、八難」之處，眾生安隱，福同快樂。皆離貪欲，除去「五蓋」（❶貪欲蓋❷瞋恚蓋❸惛眠蓋❹掉舉惡ㄨ作蓋❺疑蓋）。如是比像(比擬象徵)，無世俗義，唯以「道品」而相娛樂，以「四禪定」而行正受。	㈢是<u>智高王</u>佛土，無三惡道，其諸眾生不覺有苦，畢竟具足，安隱快樂。離欲多者，能障「五蓋」（❶貪欲蓋❷瞋恚蓋❸惛眠蓋❹掉舉惡ㄨ作蓋❺疑蓋）。是諸眾生，成就如是清淨快樂，<u>如人入「第四禪樂」</u>。

一－12 有五百菩薩，聞諸菩薩「淨智力」，便盡形壽不生「坐心、衣服想、我想、眾生想、人想、男女想、食欲想」

西晉・竺法護 譯《持人菩薩經》	後秦・鳩摩羅什 譯《持世經》
㊀佛言：<u>持人</u>！其妙慧超王如來，壽八十億姟百千劫，其國土人壽三十億姟。	㊀是<u>智高王</u>佛，壽六百萬億那由他劫。
㈡當爾世時，無有國王、典制、萬民，唯以妙慧超王如來至真為法王，咸共稱曰「無上道王」。	㈡持世！是時國土，唯佛為王，更無有王，國土眾生，皆號佛為「法王」。

㊢其妙慧超王如來至真，諸菩薩眾「能為一切 普決疑網 多所歡悅 頒宣菩薩 無極法藏」。	㊢是智高王佛，多為諸菩薩，說是「斷一切眾生疑 喜一切眾生心 菩薩藏經」。
㊤時諸菩薩聞佛所說如是比像(比擬象徵)清淨法力，五百菩薩一心精進，夙夜懃懇。 ❶不想念坐。 ❷不想「求食」。 ❸盡其形壽，不念「服飾」。	㊤爾時有五百菩薩，聞是諸菩薩「淨智力」，發如是精進力。 ❶盡形不生「坐心」。 ❷盡形不生「衣服想」。 ❸盡形不生「我想、眾生想、人想、男女想」。 ❹盡形終不「多食」。
㊄唯念至真無極道王，思是像法，清淨法力，以是一心，德本所致。	㊄但修集如是「淨智力」，勤行精進。

一－13 五百菩薩皆修習「好樂道法、精進不倦、行無放逸」此「三事法」，故疾得「阿耨菩提」

西晉·竺法護 譯《持人菩薩經》	後秦·鳩摩羅什 譯《持世經》
㊀(五百菩薩)於彼壽終，生於東方，去是佛土八千億國。適生末久，亦逮此法(三事法)，識念不忘，悉見「宿命」，叡哲聰明。諸根「通達」，無	㊀五百菩薩以是善根因緣，命終皆生過東方十萬億國土。既生不久，修集是法故，得識「宿命」，成就利根，其國土佛號無量花積

所不覩，探古知今。

(貳)又其佛土，(有)佛號無量華王，(其佛)講說經法。是五百人，生彼(無量華王)佛土，尋時其身，年如十六，即報父母，「出家」捐業，行作「沙門」，淨修「梵行」，在其佛所，奉行「精進」，(計)六十億歲。

(參)佛語持人：於彼世時，五百菩薩，如是比像(比擬象徵)，值見諸佛二十億，普在其所，夙夜精進。

(肆)(後此五百菩薩值)妙慧超王如來至真，使五百人於萬劫中，值「二萬佛」而授其決，當逮「無上正真之道」，以億萬劫供養奉事「二萬佛」訖，是五百人皆同一劫，次第成佛。

(伍)是故持人！菩薩大士速欲逮成「無上正真」，為最正覺，當精進學如是比像(比擬象徵)，清淨慧力，經典之要，夙夜勤修，勿得懈廢，為放逸行。

(陸)所以者何？諸佛本學皆由「精進」，「無逸」為本，致「最正覺」，普具道品，佛皆識念往昔古世「精

王，現在說法。

(貳)其諸(五百)菩薩，始年十六，於無量花積王佛所出家，(於)六十億歲，(皆)行童子「梵行」，亦修行如是精進。

(參)持世！是五百菩薩，得值如是等「二十億佛」，於諸佛所勤行精進，成就「第一念安慧」。

(肆)末後值無量力高王佛與其授記，過萬劫已當得「阿耨多羅三藐三菩提」。是五百人於萬劫中，得值「二萬億佛」具足佛道，於一劫中，次第得「阿耨多羅三藐三菩提」。

(伍)持世！當知菩薩摩訶薩欲疾得「阿耨多羅三藐三菩提」者，於是「淨智力」中，應生「欲(欲樂△；喜好)、精進、不放逸」。

(陸)何以故？持世！諸佛「阿耨多羅三藐三菩提」，皆以「欲(欲樂△；喜好)、精進、不放逸」為根本，及餘

進」如是。	助道法，能具足佛法者。
㊠見是十二億諸佛世尊所生之處，當得「意力」探古知今，無所不通，各各識知一切「宿命」，如近不遠，悉覩見之，皆由「精進」，學是法故，無「放逸」行，夙夜勤修，未曾懈廢。	㊠持世！我以如是精進，得值「二十億佛」，於諸法中，世世成就念力，世世得識「宿命」，修集是法，不休不息，我終不失是「欲(欲樂㊂；喜好)、精進、不放逸」，我當成就「欲(欲樂㊂；喜好)、精進、不放逸」。

一一 **14** 如來變現「化佛」，為眾說「斷一切眾生疑 喜一切眾生心 菩薩藏經」。如來已「通達法性」，故能於一毛孔中作種種神通力

西晉・竺法護 譯《持人菩薩經》	後秦・鳩摩羅什 譯《持世經》
㊀爾時世尊，以「無極慈」，興大悲哀，觀于四方，即如其像「三昧正受」，「化現諸佛」周遍三千大千世界，各為眾生頒宣(頒布宣諭)：「經道決諸狐疑 聞各開解 莫不歡悅 復重為演菩薩之法」。	㊀爾時世尊，以大慈悲心，顧視四方，現神通力，使三千大千世界諸閻浮提，皆有「化佛」，為諸眾生說是：「斷一切眾生疑 喜一切眾生心 菩薩藏經」。
㊁爾時世尊，尋現「神足」(神通具足)，顯其威德，使竹園(Veṇuvana-kalandakanivāsa 迦蘭陀竹園)中諸會菩薩，皆見十方諸如來，在其世界，敷演經法。	㊁復以神力，令竹園(Veṇuvana-kalandakanivāsa 迦蘭陀竹園)中，在會大眾，皆見諸佛遍「閻浮提」，各各說法。

西晉・竺法護 譯《持人菩薩經》	後秦・鳩摩羅什 譯《持世經》
㊂時諸菩薩，各從坐起，叉手自歸，為佛作禮，各自歎曰：至未曾有！諸佛世尊，威德聖慧，不可思議，道法超殊，巍巍無量，猶如虛空，不可攀逮。	㊂大眾咸悅，從坐而起，皆共禮佛，作是言：希有世尊，諸佛如來神力不可思議，成就無量不可思議法。
㊃時佛即告諸菩薩曰：是不為難，如來至真，不可限喻。	㊃爾時佛告大眾：諸善男子！如來是事，未足為難。
㊄所以者何？族姓子（善男子）！解諸法界，無所不達，所解法界如來「至真」，其一毛德，神足（神通具足）變化，不可稱限。光明普照「江河沙」等十方世界，其光明中，各演音聲，頒宣（頒布宣諭）經道。其「一毛孔」億百千姟，神足（神通具足）變化，不足為難。所以者何？如來至真「神足」（神通具足）功勳，不可限量，巍巍如是。	㊄所以者何？如來善能「通達法性」故，若一毛孔，出神通力，光明普照十方恒河沙世界，演說法音，於一毛孔百千萬億分，未盡其一，如來成就如是不可思議功德。

一一15 若能信解「好樂道法、精進不倦、行無放逸」此「三事法」，甚為希有！何況能「信解」如來所行之一切法

西晉・竺法護 譯《持人菩薩經》	後秦・鳩摩羅什 譯《持世經》
㊀又「族姓子」（善男子）！如來「至	㊀諸善男子！如來深觀眾生心

真」，見眾生心，以為說法，少有「信樂」如是像法，「精進」勤修，志樂慕求，是無量法，亦復希有。

⑴所以者何？
如來今興，在「五濁世」，何謂「五濁」？
❶一者：人多弊惡，不識義理。
❷二者：「六十二疑邪見」強盛，不受道教。
❹三者：人多「愛欲」，「塵勞」興隆，不知去就。
❸四者：人壽命短，往古世時，「八萬四千歲」以為甚損，今壽「百歲」，或長或短。
❺五者：小劫轉盡，三災當起，無不被害。

⑶若有在此「五濁惡世」能信樂是，如斯像法，深妙道義。有一人好能受如此「佛正真慧」，是為甚難，至未曾有！何況信樂如來所行「受持」乎！

而為說法。
❶諸善男子！今世眾生，少有於是法中，能行「欲樂⚤」(喜好)。
❷諸善男子！今世眾生，少有於是法中，能行「精進」。
❸諸善男子！今世眾生，少有於是法中，能行「不放逸」。

⑴何以故？如來今出五濁惡世，所謂：

❶眾生濁。
❷見濁。

❸命濁。

❹煩惱濁。

❺劫濁。

⑶諸善男子！若有乃至「一人」，能信受如是甚深清淨法，能至「佛慧」，是為希有！何況能「信解」如來所行。

一－16 若有眾生能入如來之「十力、四無所畏、十八不共」法，此皆是如來「恩力」及「威德」所致

西晉・竺法護 譯《持人菩薩經》	後秦・鳩摩羅什 譯《持世經》
⑴「族姓子」(善男子)！佛從古無央數劫，被「大德」鎧，長夜遵習如是像法，「精進、忍辱、仁慈、博愛」。若見眾生在於「厄難」，勤苦之患，無「救護者」，心生恐懼，墮於惡趣。	⑴諸善男子！我常長夜莊嚴如是願，如是「精進、忍辱」行，為苦惱眾生，無「救護者」、無「依止者」、多「墮惡道」者。
⑵願生彼土，導利眾生，救濟眾厄，令入正道。	⑵我於爾時，當成佛道，利益無量阿僧祇眾生。
⑶如來「至真」，德不可量，如空無侶，勇健獨步，度脫十方，是佛往昔過去世時「本願清淨」。	⑶諸善男子！當知如來恩力，本清淨願「精進」故，能令無量阿僧祇眾生，「信解、受持」如是深法。
⑷今有信樂是無量法「深妙之義」，愛喜受持，皆往古昔，曾見被訓，故今信喜。	⑷諸善男子！我於先世教化眾生，是諸眾生能解我法。
⑸現人少▲有信樂，於斯如來所顯如來「十力、四無所畏、十八不共」諸佛之法，「空無」之慧，希有好喜，入斯法者。	⑸諸善男子！今佛以「十力、四無所畏」，少▲能令眾生信解如是甚深之法。

㈥若有入斯，皆是如來「威德」所致，神足(神通具足)變化，勇猛功勳。佛以慧力，善權方便，長夜開化，勤修不解。皆由往宿「矜矜」(戒懼；小心謹慎)一心，不捨此法，常行大慈，修「無(遍)蓋哀(愍)」，大喜大護，救濟眾生。	㈥若有眾生，住是法中者，皆是如來「恩力」方便故，我長夜不離如是深法，我亦長夜「大慈、大悲、大喜、大捨」攝取眾生。

一－17 應以「好樂道法、精進不倦、行無放逸」三種法而修得「阿耨菩提」

西晉・竺法護 譯《持人菩薩經》	後秦・鳩摩羅什 譯《持世經》
㈠又「族姓子」(善男子)！諸菩薩學，少有愍念，於「五濁世」成「最正覺」，為諸眾生在「五濁世」，開導「大難」，亦復希有，如吾於今所立教訓。	㈠少有如來出「五濁世」利益眾生。
㈡所以者何？往古宿命，通大「精進」，積功累德。	㈡何以故？諸善男子！我於先世，以「大精進力、大方便力」教化眾生，集是「阿耨多羅三藐三菩提」。
㈢每生自剋，布施「頭目、肌肉、支體、妻子、國邑」，「群從、車乘」無所愛悋，不計身命，無所貪慕。	

三界無怙，惟道可恃，以「無極力」行權方便，開化眾生，能成「無上正真之道」。

㊐佛悉憶念「往宿世」時，一日之中，所施無量，幷惠「身命」，無所愛惜，皆由「愍念」眾生之故。

㊐諸善男子！我念過世，一日之中捨「千身」，「布施」利益眾生。

㊄開化盲冥，令見道明，亦識「往宿」無數世時，見「飢饉」者，無有「飲食、供養」之具可用施者。割己「股肉」，煮之炙之，持用授之，不以作患，心不懷恨，惟行大哀，愍傷眾生，奉無極慈。

㊄諸善男子！我於若干千萬世，見「飢餓」眾生故，自割身肉，煮以與之。我於爾時，心無「憂悔」，但於眾生普行「大悲」。

㊅以是之故，當作斯觀，遵修如是，通大「精進」，開化眾生，如斯「精進」，積累功德，逮致「無上正真之道」。

㊅諸善男子！當知我如是以「大精進、大方便力」教化眾生，集是「阿耨多羅三藐三菩提」。

㊆是故諸仁！諸「族姓子」(善男子)！「勤學」如是，微妙「精進」，以習如是無極道法，亦當如我往昔所行「菩薩之業」，開化眾生，如是無異頒宣(頒布宣諭)經道，亦如我今有所救脫。

㊆是故諸善男子！應發如是「欲(欲樂也；喜好)、精進、不放逸」，修集「阿耨多羅三藐三菩提」，如我行「菩薩道」時，汝等亦當如我「利益」教化眾生。

㊇是賢劫中，所興千佛，皆當咨嗟(嗟歎)(讚歎)，吾本所行，各當說言：

㊇諸善男子！是「賢劫」中諸佛出世，無不讚我作如是言：

❶能仁如來，本行「精進」。	❶釋迦牟尼佛深行「精進」如是。
❷不可限量，不可班喻(頒布宣諭)。	❷釋迦牟尼佛具足「精進」如是。
❸道慧巍巍，所度「無極」(波羅蜜)。	❸釋迦牟尼佛具足「精進」波羅蜜如是。
❹於「五濁世、五逆亂」中，開化眾生，如是無窮，不可計盡。	❹釋迦牟尼佛「行菩薩道」時，教化眾生如是。出於「五濁」，利益無量阿僧祇眾生。
㊣是故「族姓子」(善男子)！假使有人如是比像(比擬象徵)奉「精進」行，愛樂「勤修」，而「無放逸」，疾成「正覺」。	㊣諸善男子！如是行道故，應勤生「欲」(欲樂亞；喜好)、精進、不放逸」。

一-18 佛得菩提至「涅槃」時，猶發「精進」度化眾生。若有此經所住，當知其土「有佛」不滅

西晉・竺法護 譯《持人菩薩經》	後秦・鳩摩羅什 譯《持世經》
㊀又吾於是逮「無上正真道」，為最正覺，臨滅度時，所度無量。若有能遵如是「精進」，應如至教，而不「懈廢」，取如「芥子」佛之「舍利」，建立塔寺，皆當得佛「滅度」之業。	㊀諸善男子，我今雖得「阿耨多羅三藐三菩提」，「精進」猶不休息，至「涅槃」時，猶發「精進」，碎身骨如「芥子」解散支節。
㊁所以者何？佛興「愍哀」，為諸將來眾菩薩施。	㊁何以故？憐愍未來世眾生故。

㊂本為菩薩，行佛道時，曾所訓誨，由是緣故，顯示大道。又復慈愍墮「八難」者，故興「大哀」，普布「舍利」。若取「舍利」，大如「芥子」，建立塔寺，面見如來，手自供養。

㊃滅度自後，覩其「舍利」，心懷「悅豫」（喜悦；愉快），所立「地」處，以是「地」施於「舍利」，而興塔寺，隨心所願，興于「大哀」。

㊄本宿命時，行菩薩法，等心衆生，誓願所致，「舍利」遍流。佛所積功累德，光光不可限量，巍巍如是，愍念衆生，興于「大哀」，最後末世，立「無極慈」，加於一切。

㊅若有菩薩，受是像法，「好喜」慕樂，勤修「精進」，而「不放逸」，用至願故。最後末世，受如是像，弘雅經典，能持講誦，為他人說，令普「流布」，建立菩薩。若有持誦，為他人說，以是像典，勸諸菩薩，令學諷誦，轉復宣布。

㊆所以者何？
若是景（大）摸ͺ（法式；規範）久在天下，則佛正道，永長現矣！如來常

㊂我先世行菩薩道時，所化衆生，或行錯謬，墮諸難處。欲勉濟之，起大悲心，分布「舍利」，乃至如「芥子」，皆與「神力」。

㊃我滅度後，若有衆生，應以「舍利」度者，心得清淨；得清淨已，處處地中，隨願成就。

㊄諸善男子！我先世行道時，於衆生中成就如是悲心，碎身「舍利」，普使分布，是我本願。我以如是無量「福德因緣」大悲心故，於後惡世，普覆衆生。

㊅諸善男子！若諸菩薩於此法中能生「欲（欲樂⋯；喜好）、精進、不放逸」，必發是願，於後末世，受持讀誦，為人廣說如是等經。我當以「神力」令諸菩薩「受持、讀誦」，為人廣說。我亦以如是經，囑累是諸菩薩，以其能「受持、讀誦」，為人「廣說」故。

㊆所以者何？
諸善男子，隨是經所住，當知其土「有佛」不滅，是故如來以此經，

存，以是觀之。 　㉘「族姓子」(善男子)！佛本往世，如是方便，攝護眾生，建是經典，以用將養，未來俗世，在「五濁世」，宣布斯典。	囑累諸菩薩。 　㉘諸善男子！當知我「宿世」，以如是「因緣」攝取眾生，今世亦復攝取眾生，後世亦復攝取眾生。所謂「護念」如是經法，於後五百歲，普流布故。

一一19 「法」尚應捨，何況「非法」？「不貪、不受」諸法名字，於一切法中「無所見」者，是名「見佛」

西晉・竺法護 譯 《持人菩薩經》	後秦・鳩摩羅什 譯 《持世經》
㊀若「族姓子」(善男子)！所在「郡國、縣邑、州域、大邦」，如是像典，所「流布」現，「受持、諷誦」，廣為人說。如是「學士、族姓子(善男子)」等，見佛現在臨「滅度」時，如來遊彼，佛則現在而「不滅度」。 ㊁所以者何？ ❶「族姓子」(善男子)！佛不曾說乎，佛者「法身」，若見「法」者，則覩「如來」。 ❷莫以「色身」觀於如來，若信「正典」，聞見受持，則覩「如來」。	㊀諸善男子！若於今世，若我滅後，若「聚落、城邑、山林、曠野」，有如是等經。若能「受持、讀誦、為人解說」，當知此中則為「有佛」。 ㊁何以故？ ❶我說「諸佛」即是「法身」，以見「法」故，則為「見佛」。 ❷佛不應以「色身」見，若人「信法、聽法」，是人則為「信佛」，亦聽「佛語」。

❸聞法奉行，住「如法」教，乃曰「見佛」。

❹聞宣正典，順法入道，乃曰「見佛」。

㊣佛以未曾「以法生法」，以能行法，敷演正典，不懷「妄想」猗求諸法，則覩「如來」。

一切諸法，悉無所著，爾乃名曰「覩如來耳」。

㊟若「族姓子」（善男子）！不見諸法，則覩如來。所以者何？

如來「至真」，不存「有法、非法」之辭，不當觀見如來。

㊄所以者何？

如來曾說，假引「譬喻」，猶如「縛栰」（古同「筏」），尚當除「法」；況「非法」乎？以除「是法、非法」之行，乃「見如來」。

㊅所以者何？

如來至真，皆除「諸法」，不宣諸法，而有「處所」也（即「應無所住」之義也）。

無所興起，亦無名號，況復講說諸「處所」乎？

❸若人於此法中，能如說修行，是人則為「見佛」。

❹是人名為「實語者、法語者、隨法行者」。

㊣諸善男子！我身「非法、非非法」，是名「隨法行」，是名「第一法施」。所謂「不著法、不著非法」，何以故？若「著法」者，不名「見佛」。

㊟諸善男子！不著一切法，名為「見佛」。若於一切法中「無所見」者，是名「見佛」。

何以故？

如來不可以「法」說，不可以「非法」說，亦不可以「法」見。

㊄所以者何？

諸善男子，如經中說，汝等比丘，若知我法如「栰」（古同「筏」）喻者。「法」尚應捨，何況「非法」？若能捨「法、非法」，是名「見佛」。

㊅何以故？

如來名為「捨一切法」者，「不貪、不受」諸法名字，不墮「名字法」中，何況墮「非法名字」中。

<table>
<tr><td>

㊼所以者何？
皆「除」一切諸法，若能順斯「如來觀」者，則「見如來」也，佛本以「斷」一切諸法，乃覩「正覺」。

㊽所以然者？
一切諸法皆虛(而)不真，覩一切法「本無、本淨」，「觀真諦」者，乃「見如來」。

</td><td>

㊼諸善男子！「捨離」一切法名字，名為「如來」，能如是見者，名為「見如來」。

㊽何以故？
「捨離」見一切法故，名為「見如來」，以一切法「不可得」故，「如實知見」一切法故，名為「見如來」。

</td></tr>
</table>

一一20 「真見」者，斷一切語言道。「非真、非妄、非有、非無」，離一切法。「不取、不得」一切法。如是見者，名為「見如來」

西晉・竺法護 譯《持人菩薩經》	後秦・鳩摩羅什 譯《持世經》
㊀又「族姓子」(善男子)！不得諸法，則無諸法，謂「無放逸」，彼無「有法」，亦無「非法」；以無「有法」，亦無「非法」，乃以了斯義，以「了斯義」，乃見「本淨」。	㊀諸善男子！若一切法「不可得」，「捨離」一切法，是中即「無戲論」，無「是法、非法」名字，無行、無示，是名「見如來」。
㊁ ❶以「平等觀」，乃見如來，見法如是，則見如來。 ❷觀如來然，見「平等覺」，若有「異	㊁ ❶若人能如是「見法」者，是名「見如來」。 ❷若能如是「見如來」者，是名「正

觀」如來至真，則為「邪觀」。

❸已「邪觀」者，則為「虛觀」，不「真諦觀」也。

參又「族姓子」(善男子)！其「真諦」者，消除一切「音聲言辭」，不真、不虛，亦無「真虛」，蠲去一切諸所有業，悉不復得一切所受，乃見如來。

肆所以者何？
如來至真，不覩諸法，有所生者，若令生者，以除一切所見諸法，乃曰「自然」，以解「自然」。

見」：若「異見」者，名為「邪見」。

❸若「邪見」者，則為「妄見」，是人不名為「真見」。

參諸善男子！「真見」者，斷一切語言道，「非真、非妄」，「非有、非無」，「離」一切法，「不取」一切法，「不得」一切法。如是見者，名為「見如來」。

肆何以故？
諸善男子，如來不以「法性」見。見一切「法性」離者，名為「如來」。若能如是見者，名為「正見」。

一－21 一切法皆是「如來行處」，「如來行處」即是無真實「行處」。一切法之行處，並無真實之法可行

西晉・竺法護 譯《持人菩薩經》	後秦・鳩摩羅什 譯《持世經》
壹如是觀佛，乃謂吾等「觀佛」如是，所見若斯，佛之所說也。	壹諸善男子！汝等應如是見如來，汝等且觀，如我所說，觀於如來。
貳如是觀佛， ❶皆入一切諸法「本無」。 ❷已了一切諸法「本無」，便了諸一	貳如是觀者， ❶當知一切法皆是「如來」。 ❷當得一切法「如」。

切本無「興顯」道法。

❸分別諸行一切「本淨」。

❹一切諸法歸于「本無」。

❺一切諸法皆「如來法」也。

❻自然入道，一切諸法皆以普入「如來境界」。

❼一切諸法界「不可議」，成「最正覺」。

　㊂故「族姓子」(善男子)！佛說言：一切諸法皆「如來界」，無有「境界」(即)為「如來界」。

所以者何？

一切諸法所有境界，計彼諸法「無有境界」，則(為)「如來界」也。

　㊃一切諸法，以為境界，無斯諸界，乃曰「有界」。所有界者，亦「如來界」，一切眾生「行無境界」，而悉曉了「真諦淨界」。

　㊄雖知是法，(眾生)永不解達。如來至真，解達如是，無所不通，是故名曰「無有境界」也。「如來界」(即)無所有界，則「如來界」也。

　㊅所以者何？

佛說諸界真諦本末，無有「諸界」乃「如來界」，一切諸界如來界也，

❸當得一切法「實相」。

❹當得一切法「非虛妄相」。

❺當知一切法是「如來法」。

❻當知一切法是「如來行處」。

❼當知一切法是「不可思議行處」。

　㊂諸善男子！是故我說一切法是「如來行處」。如來行處，(即)是「無(真實)行處」。

何以故？

一切法行處，是中「無法」可行。

　㊃是故說「無(真實)行處」，(即)是「如來行處」。一切法「行處」即是「無行處」，「無行處」即是「如來行處」。

　㊅何以故？

一切法「行處」無所有故，「無行處」(即)是如來「行處」，一切「行處」(皆)

無「界、非界」，分別曉了，靡所不達，是謂證明。無所有界，則(為)「如來界」也。	入如來「行處」，則非「行處」。如來通達證是法故，是名「無行處」，是「如來行處」。
㈦唯「族姓子」(善男子)！解一切法是「無境界」，則(為)「如來界」也，乃入道義。觀如是法，爾乃逮致「如來境界」，樂「無所樂」(即)是「如來界」，而「無所著」，亦無「憎、愛」。	㈦諸善男子！能知一切法「無行處」，是人能入如來「行處」，是人能觀如來「行處」，是人能求如來「行處」，是人亦不著如來「行處」。
㈧所以者何？ 以知「無界」乃曰「佛界」，故言「無有界」則(為)「如來界」。	㈧何以故？ 是人知「無行處」，(即)是如來「行處」，離「行處」，(即)是如來「行處」。

一－22 諸法「無入、無出、無形、無合、無散、無縛、無解」，故諸法門皆無有真實之「門」

西晉‧竺法護 譯 《持人菩薩經》	後秦‧鳩摩羅什 譯 《持世經》
㈠用一切法不可得故，無有「處所」，於一切法「無所著」故，是則名曰「如來境界」。遊居入慧，一切諸法「悉無所入」，故無「六門」，亦「無所入」。	㈠所謂一切法「不可得、不可分別、不可貪」故，是名「非行處」，(即)是「如來行處」，是名「入智行處」，不入「一切法」故。
㈡所以者何？ 「族姓子」(善男子)！皆無有「門」，亦	㈡何以故？ 一切法「無門」故，以是門入。諸

無所「入」，則無有「見」。	善男子！一切法「無入、無出」，一切法「無形」。
㊂所以者何？ 如來至真，不得諸法，(而)有所「入處」也，而有所「見」也，有所「說」者也。	㊂所以者何？ 如來於法「無所得」，何法「若出、若入」，「若見、若說」。
㊃亦無善惡，麁細微妙，言辭本末，是則名曰「入一切法」，入「無有相」，無「應、不應」。	㊃諸善男子！是名「入一切法門」，以「不入相」故。
㊄一切諸法，「不精進、不懈怠、無合、不散」，是乃名曰「一切法門」，曰「無名門」。	㊄一切法「無合、無散、無縛、無解」，是一切法門以「無門」故。
㊅無言辭門，無所「入門」、無所「著門」、無「訓誨門」、無「生門」，永寂然門。	㊅說是門，名為「不可出門、不可入門、不可歸門、不可說門」，畢竟「無生門」。
㊆不以是門可用知法，若見法者，不以法門，永寂然門。不以是門可用知法，若見法者，不以法門，能證諸法，亦無所「出、入」。	㊆以是法門，於法「無所知、無所見」，以是法門，於法「無證、無所入」。
㊇所以者何？ ❶一切諸法，皆無有「門」，「門」不可得。 ❷一切諸法為「虛偽門」。	㊇何以故？諸善男子！ ❶一切法「無門」，「門」不可得故。 ❷「虛空」是一切法門。

❸一切諸法悉「本清淨」。 ❹一切諸法，門不可量。 ❺一切諸法無「斷、不斷」，無有邊際。 ㊣故曰：族姓子(善男子)！ 一切諸法悉不可得，皆虛「無實」。 一切諸法門不可量、不可得限。 其「本際」門，不可盡極，無能斷壞，得本際者，若壞本際，真實之義也。 ㊣若「族姓子」(善男子)及「族姓女」(善女子)，至斯法門，悉解達了，因得普入一切法門，皆能頒宣(頒布宣諭)眾生心。	❸從本已來「性清淨」故。 ❹「無斷」是一切法門，斷「無所有」故。 ㊣ 「無邊」是一切法門，「邊」不可得故。 「無量」是一切法門，「量」不可得故。 「無際」是一切法門，諸「際」無所有故。 ㊣諸善男子！若有「善男子、善女人」，能入是「法門」者，則「入」一切法門，則「知」一切法門，則「說」一切法門。

一－ **23** 若欲得「諸法實相、意力、不斷念、阿耨菩提」者，須勤修此法門

西晉·竺法護 譯 《持人菩薩經》	後秦·鳩摩羅什 譯 《持世經》
	《五陰品·第二之一》
時佛復告持人菩薩： ❶若有菩薩大士，欲以「方便」解一切法。	爾時佛告持世菩薩：持世！ ❶若菩薩摩訶薩欲得一切法「實相」。

❷(欲)分別「諸法義」之所趣。 ❸欲得「意力」。 ❹(欲)具足成就，隨時之宜，入於諸法，所生之處心斷絕。若以寂定「心念」，(則)成「無上正真之道」。 志習入斯比像(比擬象徵)法門，若能逮得是「法門光」，勤學斯法，速疾歸附。	❷若欲善分別「一切法章句」。 ❸若欲得「念力」。 ❹若欲「轉身」，具足得「不斷念」，乃至得「阿耨多羅三藐三菩提」者。 當疾入如是法門，於是法門得「智慧光明」。何以故？於是法中疾得「具足」故。

一—24 若有菩薩勤修此法，則可獲得「九種」方便

西晉・竺法護 譯 《持人菩薩經》	後秦・鳩摩羅什 譯 《持世經》
	⓪又復持世！菩薩摩訶薩勤修集如是法門，入是法方便門者，則能得分別： ❶「陰」方便。 ❷「界」方便。 ❸「入」方便。 ❹「因緣生法」方便。 ❺「四念處」方便。 ❻「五根」方便。 ❼「八聖道分」方便。 ❽「世間、出世間」法方便。 ❾分別「有為、無為」法方便。

㉢持世！何謂菩薩分別「五陰」方便？

菩薩摩訶薩正觀「五取陰」，所謂：

❶「無明陰」是「五取陰」。

❷「苦陰」是「五取陰」。

❸「癡陰」是「五取陰」。

❹「病陰、癰瘡陰」。

❺如「箭入身陰」是「五取陰」。

—五陰與十八界關係表—

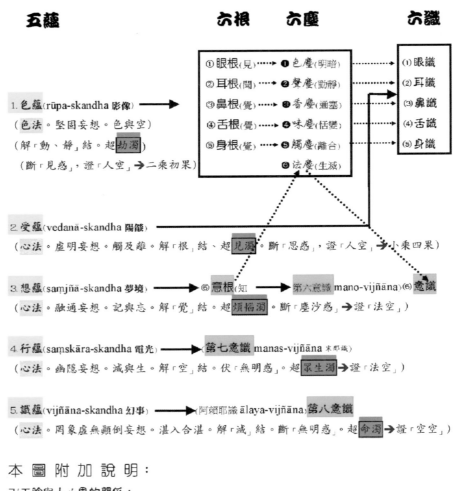

五蘊　　　　　　　　六根　六塵　　　　　　六識

①眼根(見)⋯⋯→❶色塵(明暗)⋯⋯⋯⋯→(1)眼識
②耳根(聞)→❷聲塵(動靜)⋯⋯⋯⋯→(2)耳識
③鼻根(嗅)→❸香塵(通塞)⋯⋯⋯→(3)鼻識
④舌根(嚐)→❹味塵(恬變)⋯⋯⋯→(4)舌識
⑤身根(覺)→❺觸塵(離合)⋯⋯⋯→(5)身識
❻法塵(生滅)

1.色蘊(rūpa-skandha 影像)→
(色法。堅固妄想。色與空)
(解「動、靜」結。超劫濁)
(斷「見惑」，證「人空」→二乘初果)

2.受蘊(vedanā-skandha 陽燄)
(心法。虛明妄想。觸及離。解「根」結、超見濁。斷「思惑」，證「人空」→小乘四果)

3.想蘊(saṃjñā-skandha 夢境)→⑥意根(知)→第六意識 mano-vijñāna(6)意識
(心法。融通妄想。記與忘。解「覺」結。超煩惱濁。斷「塵沙惑」→證「法空」)

4.行蘊(saṃskāra-skandha 電光)→第七意識 manas-vijñāna 末那識)
(心法。幽隱妄想。滅與生。解「空」結。伏「無明惑」。超眾生濁→證「法空」)

5.識蘊(vijñāna-skandha 幻事)→阿賴耶識 ālaya-vijñāna 第八意識
(心法。周象虛無顛倒妄想。湛入合湛。解「滅」結。斷「無明惑」。超命濁→證「空空」)

本圖附加說明：

卍五陰與十八界的關係：

色陰：前五根及六塵

受陰：前五識

想陰：意識(第六意識)

行陰：意根(第七意識：末那識)

識陰：阿賴耶識(第八意識)

卍六根與「見聞覺知」四用的關係：「見聞覺知」乃六根接觸外境之總稱。

一－25 「色陰」無有「自性」，但以前世業力之「四大和合」及「眾因緣」，故假名為「色陰」

西晉・竺法護 譯《持人菩薩經》	後秦・鳩摩羅什 譯《持世經》
	圖菩薩分別觀察，選擇「色取陰」(色蘊)。云何為分別觀察，選擇「色取陰」(色蘊)？
	圖是「色取陰」(色蘊)從「四大」生，假名為「色取陰」。是「色陰」(色蘊)無有「自性」，但以「四大和合」，假名為「色陰」(色蘊)。
	圖「色陰」無有(真實之)「作者」，無「使作者」，無作、無起、無出，(假)名為「色陰」(色蘊)。(色蘊)但以先業(前世)「因緣」，四大所攝，數又(稱道)名「色陰」，非「陰」是(真實之)「色陰」(色蘊)。
	圖譬如虛空，「陰」(蘊)實無「生相」。若說虛空「陰」(蘊)，是中無有「法」生，但有「(假)名字」，故名為「虛空陰」。
	圖 ❶凡夫於此「無陰」(之)「陰相」，以「顛倒心」故，無實「實相」。

❷貪著「我」(之)五陰、「我所」(之)五陰。

❸「我」(之)色陰、「我所」(之)色陰，如是貪著。

❹是諸凡夫，貪著色已，於色中依止「我、我所」，有「色受、色取色」,「著色、依色」,受行種種「惡、不善」業。

㊣我等不應隨凡夫學，我等應勤修集，助「菩提法」，今應正觀「色陰」。

㊞菩薩正觀「色陰」時，知同「水沫聚」。

㊡云何知同「水沫聚」？

❶無聚(沒有真實的聚合)是「水沫聚」，但從「眾緣」生，不可「執捉」、無有「堅牢」。

❷「水沫聚」中無有聚相(真實的聚合相)，無聚(沒有真實的聚合)是「水沫聚」。

㊪「色陰」亦如是，「色陰」(色蘊)中無有「陰相」，菩薩如是觀時作是念。

一－26 一切的「憶想分別」皆非「真實」，凡夫依止由「顛倒」所生起之「虛妄色」，為色所「縛害」，故往來六道輪迴，皆由深著「色相」

西晉・竺法護 譯《持人菩薩經》	後秦・鳩摩羅什 譯《持世經》
	壹凡夫不能正觀「虛妄色」，不能如實知色「無常」，不能如實知「色相」。
	貳我等入正道，不應貪著「虛妄」，不應貪著「色」，何以故？
	參「色」是不可貪著相，「色」但有「名字」，無「決定相」。當觀是色「無決定相、離名字」故，(假)名之為「色」。
	肆又說色名(色相名為)惱壞相，智者通達，知(色)是「無相」。我等應當善知修集色「無相」方便，不貪著「色相」。若人貪著「色相」，即貪著「色」。
	伍我等應善知入「色相」，菩薩如是「正觀」時，「如實」觀察選擇色。
	陸是「色陰」，皆從凡夫「憶想分

<table>
<tr><td></td><td>別」(生)起，若「法」從「憶想分別」
(生)起，即是「不生」(沒有真實的生起)。

㈦一切「憶想分別」皆非「真實」，
凡夫依止(由)顛倒所(生)起(之)「色」，
為色所「縛」、為色所「害」，(故)往
來苦惱，(皆由)「無明癡闇」故。

㈧貪色不捨，見色有「常牢固」，
是凡夫人為「色縛」，(為)「色所縛」
故，(故)往來「地獄、畜生、餓鬼、
天人」，(皆由)深貪「色味」，不觀色
中有諸「過惡」。</td></tr>
<tr><td></td><td></td></tr>
</table>

一－27 若於「色相」生起「愛念貪著」，應善觀「色」之「正相、平等相、滅相、滅道相」，及色相乃「無所從來，亦無所去」

西晉‧竺法護 譯 《持人菩薩經》	後秦‧鳩摩羅什 譯 《持世經》
	㈠我等不應隨「凡夫」學，應當觀察選擇分別，修習「色方便」。 ㈡分別觀察選擇色時，見色性如「夢」。譬如「夢中色」，皆從「憶想分別」(之)覺觀(生)起，曾(經)所「見聞覺知」(之)因緣(生)起。

參是夢中亦知彼我，亦見「地水火風」，亦見「山河叢林」。夢中色相，無有「決定」，但以「憶想」故有。

肆「色陰相」亦如是，從「先世」(之種種)業(カ)「因緣」出，(色陰相)無有「決定性」。菩薩如是思惟(而)不取色」，若「我」、若「我所」，但正「觀色」(為)如實(之)「無常相」，(及種種)虛妄顛倒。

伍眾生顛倒，貪著「取色」，若「我色」、若「我所色」。若「彼色」、若「彼所色」。

陸如是「正觀察」選擇色時，不得「色」，不見「色性」，亦不貪著色「無常」(色相有種種無常變化相，故不應貪著)。

柒菩薩爾時，若於色中，(生起)愛念貪著，皆悉除斷。
❶善知色「正相」。
❷善知色「平等相」。
❸善知色「滅相」。
❹善知色「滅道相」。
❺善知色陰「無所從來，亦無所

	去」。 ㊈作是念(已)，是(己)身(之)「色陰」，皆從「業果報」(之)「覺觀」(生)起，(為)四大所攝，是身「色陰」(乃)非「我」、非「彼」、無有「所屬」，無所「從起」。 ㊉觀「色陰」(應作)如是(觀)： ❶(觀)「內色」不貪、不受。 ❷(觀)「(外)色」不貪、不受。 ❸(觀)「過去色」不貪、不受。 ❹(觀)「未來色」不貪、不受。 ❺(觀)「現在色」不貪、不受。 即知一切「色陰」是「無生相」。 ㊊是菩薩爾時「不滅色」，亦不求「滅色法」。 持世！菩薩摩訶薩觀察選擇「色取陰」如是。

一－28 凡夫皆為虛妄之「苦受(恚結)、樂受(愛結)、不苦不樂受(無明結)」三受所害

西晉・竺法護 譯 《持人菩薩經》	後秦・鳩摩羅什 譯 《持世經》
	㊀持世！何謂菩薩摩訶薩觀察

選擇「受取陰」（受蘊）？

（貳）菩薩作是思惟：是「苦受、樂受、不苦不樂受」（捨受），皆從「因緣」生，屬「諸因緣」入「受相」中，此中無有（真實之）「受者」，但以「貪著」故。

（參）「貪著」者，即是「不真」，「虛妄」從「憶想分別」（生）起，是菩薩如是思惟時作是念。

（肆）是凡夫為虛妄（生）「受」所縛，為「三受」所害，所謂：
❶苦。❷樂。❸不苦不樂受（捨受）。

（伍）
❶是凡夫若「受樂」，為「愛結」所使，以「愛結」所使故，能起「惡業」。
❷若「受苦」，為「恚結」所使，以「恚結」所使故，起諸「惡業」。
❸受「不苦不樂受」（捨受），為「無明結」所使，是人因「無明結」所使故，不脫「憂悲苦惱」。

一－29 「受陰」從顛倒之「憶想分別」生起，無有真實之「受

者」，皆由「先世」及「今世」種種「業力因緣」生起。諸受乃「自性空」

西晉・竺法護 譯《持人菩薩經》	後秦・鳩摩羅什 譯《持世經》
	㊕我等今不應隨「凡夫」學，應「正觀」諸法。
	㊕我等應「如實」觀諸「受」，菩薩「如實」觀「受陰」作是念：
	❶非「陰」是(眞實之)「受陰」，(皆)從「憶想分別」起。
	❷(受陰皆)顛倒相，應無有(眞實之)「受者」，但從「先世」(之種種)業(力)因(緣)起。
	❸今世(種種因)緣故，諸受(乃)「自性空」，「受」中無有(眞實之)「受相」。
	㊕菩薩觀達「受陰」，譬如「雨滯 ㄉ、水泡」，有生有滅，無有「決定」。
	㊕「受陰」亦如是，(由)次第(之)「因緣」(生)起，(受陰)屬「諸因緣」，無有住時，(受陰)虛妄不實，(皆)從「憶想、顛倒」相應起。
	㊕菩薩爾時作是念：
	❶凡夫可(憐)愍，為諸「受」所制，以不正觀「受陰」故。

❷故得「樂受」生著，得「苦受」亦生著，得「不苦不樂受」（捨受）亦生著。

❸為諸「受」所縛，馳走往來，從身至身，受「結」所縛，輪轉五道，無有休息。

（陸）是凡夫著於諸「受」，為「受」所制，為「受」所繫，不脫「受陰」。於「受陰」所，不見「出處」，不知正觀「受陰」故，不知「如實」觀「受陰」無常，於「受陰」中為「欲染」所縛，不知「受陰」（之）「如實相」。

一－30 應以「無陰、不真陰、顛倒陰、不住陰」去觀察「受陰」。「受陰」不在「內、外、中間」，無所從來、無有所屬

西晉・竺法護 譯 《持人菩薩經》	後秦・鳩摩羅什 譯 《持世經》
	（壹）我等今不應隨「凡夫」學，應「如實觀察」選擇「受陰」。即時「如實」觀「受陰」：
	❶「無陰」是「受陰」。
	（沒有真實的一個「陰」名為「受陰」）
	❷「不真陰」是「受陰」。
	（「受陰」是「不真實」的）
	❸「顛倒陰」是「受陰」。

（「受陰」是從顛倒虛妄中產生的）

❹「不住陰」是「受陰」。

（於「受陰」中不住「受陰想」，亦無有「受陰想」）

㈡是時見「受陰」如實相，無有「作者」，無有「使作者」，於「受陰」中，不見「受陰相」。如是觀「受陰」：

❶不見「受陰」在「內」、不見「受陰」在「外」。

❷不著「受我」、不著「受彼」。

❸知「受陰」無所從來、無有所屬。

㈢無法能生「受者」，但從「顛倒」相應「先世」業(カ)果報，數ㄨ(稱道)名「受陰」，見受陰「虛妄因緣」相續行。

❶爾時「過去」受陰，不受、不貪、不著。

❷「未來」受陰，亦不受、不貪、不著。

❸「現在」受陰，亦不受、不貪、不著。

①是人於「樂受」中、除却「愛結」。

②於「苦受」中、除却「恚結」。

③(於)「不苦不樂受」中、知見「無明結」故，勤行精進。

㈣菩薩爾時，

	⑴若受「樂」受，心不生「愛」。 ⑵若受「苦」受，心不生「恚」。 ⑶若受不苦不樂受，心不生「癡」。

一－31 菩薩正觀「受陰」，能「如實」知「受陰」之「集、滅、滅道」，能通達「受陰」之「無生」相

西晉・竺法護 譯 《持人菩薩經》	後秦・鳩摩羅什 譯 《持世經》
	⑴持世！凡夫多於「樂受」生「愛」，「苦受」生「恚」，「不苦不樂」(捨受)受生「癡」，是諸凡夫，以「愛、恚、癡」故，深入「闇冥」。 ⑵不能「如實」知「受陰」，亦不知「愛、恚、癡」相，深貪著「愛、恚、癡」，所謂是「我、我所」，是「此、彼」等。 ⑶持世！菩薩摩訶薩於此中正觀「受陰」者，不為「愛、恚、癡」所牽。若生「愛、恚、癡」，即能除斷，行於「正道」。 ⑷於「樂受」中，斷「愛結使」，故勤精進。

於「苦受」中，斷「恚結使」，故勤精進。

於「不苦不樂受」中，斷「癡結使」，故勤精進，如實知「三受相」。

㈤爾時有所受，「若苦、若樂、若不苦不樂」，皆離不著。離「愛結使」，離「恚結使」，離「癡結使」。諸「受」(生)起時，皆能知見，知「受陰」如實「無常」(相)。

㈥若能如是知已，於「受陰」中，「欲染」悉斷，入斷「受陰」欲染道中，不為諸「受」所污。

㈦是菩薩若如是正觀「受陰」，「如實」知「受陰」，知「受陰集、受陰滅、受陰滅道」，然後如實知「受陰」是「無生」相，以「無生」相，通達受陰「無相」。

㈧持世！菩薩摩訶薩如是觀察選擇「受陰」。

一─32 菩薩正觀「想陰」，皆從「顛倒」生起，虛妄不堅固、不真實、不生相，但以「眾因緣和合」，從「先世」之種種

業力因緣生起

西晉・竺法護 譯《持人菩薩經》	後秦・鳩摩羅什 譯《持世經》
	㊀持世！何謂菩薩摩訶薩，觀察選擇「想陰」？
	㊁菩薩摩訶薩正觀「想陰」時，見「想陰」皆從「顛倒」(生)起，虛妄不堅固、不真實。 (想陰)從本已來(乃)「不生相」，(想陰)以「因緣和合」，從「先世」(之種種)業力(因緣)起。作是念： ❶「非陰」是「想陰」。 (沒有真實的一個「陰」名爲「想陰」) ❷「虛妄陰」是「想陰」。 (「想陰」是「不真實」的) ❸「顛倒陰」是「想陰」。 (「想陰」是從顛倒虛妄中產生的) ❹「想陰」中無「想陰」想。 (於「想陰」中不住「想陰想」，亦無有「想陰想」) ㊂譬如春後月焰，以「名字」故說名為「焰」。隨「想陰」亦如是，以「識」相故，說名「想陰」。 ㊃凡夫於此為「虛妄想」所繫。 ❶或識「樂」、或識「苦」。 ❷或識「不苦不樂」。

	❸或識「寒、熱」。
	❹或識「男女」。
	❺或識「五道生死」。
	❻或識「合」、或識「散」。
	❼或識「過去」、或識「未來」、或識「現在」。
	❽或識「好」，或識「醜」。
	❾或識「有」，或識「無」。

一－33 「想陰」是凡夫妄想，皆為「顛倒虛妄」，屬「諸因緣」，但「假名」為「想陰」

西晉·竺法護 譯《持人菩薩經》	後秦·鳩摩羅什 譯《持世經》
	㊀(想陰)是凡夫想，皆為「顛倒虛妄」，屬「諸因緣」，但「假名」為「想陰」。
	㊁此中若内、若外，無有(真實之)「想者」。
	㊂凡夫人(為)「虛妄想」所繫故，
	❶或識「貪欲」。
	❷或識「瞋恚」。
	❸或識「愚癡」。
	❹或識「妻子」。

| | 肆凡夫依止是「想陰」，貪著「虛妄」，以是「想陰」馳走往來，不能「如實」觀「想陰」是「虛妄」。

伍凡夫人以「我想、彼想」，「男、女想」，繫於「想陰」，不能得脫。

陸貪著「想陰」，「我」是「想陰」，「我所」是「想陰」。 |
| --- | --- |
| | |

一－34 菩薩正觀「想陰」，不見「想陰」若來處、若去處，但以「顛倒」相應，及「先世」之種種業因所生起

西晉‧竺法護 譯《持人菩薩經》	後秦‧鳩摩羅什 譯《持世經》
	壹我等不應隨凡夫學，菩薩摩訶薩如是正觀「想陰」。

貳「想陰」中「想陰」想不可得（於「想陰」中不住「想陰想」，亦無有「想陰想」），如焰陰中焰，「陰相」不可得，菩薩見「想陰」如焰性。

參
「過去」（之）「想陰」，「不貪、不受、不著」。
「未來」（之）「想陰」，亦「不貪、不 |

受、不著」。

「現在」(之)「想陰」,不住。

㒋不分別「若我、若彼」,即彼滅「想、受」陰(想陰、受陰)道。

㒋通達「想陰」是「無生」,不見「想陰」若來處、若去處,但以「顛倒」相應,「先世」(之種種)業因所(生)起。

㒋「現在緣」所繫,「無陰」是「想陰」(沒有真實的一個「陰」名為「想陰」),觀察選擇「想陰」,無所從來、亦無所去,即通達「想陰」無生。亦不分別「想陰」滅,但為滅一切「想受陰」故。

㒋亦住「如實」知見故,菩薩「如實」觀「想陰」時,遠離一切「想道心」,亦不住一切「想道」。但住知見「想陰」,亦如實「想陰」,不貪著「想陰」,「如實」觀察一切「想陰」,「如實」知「想陰」(之)「集滅」盡。

㒋持世!菩薩摩訶薩如是正觀察選擇「想陰」,則離「想陰」欲染,亦能行斷「想陰」欲染道。

一一 35 菩薩正觀「行陰」，皆從「眾因緣」顛倒生起，虛妄不真。由「先世」種種「業力因緣」果報所攝

西晉·竺法護 譯 《持人菩薩經》	後秦·鳩摩羅什 譯 《持世經》
	㊤<u>持世</u>！何謂菩薩摩訶薩觀察選擇「行陰」？ ㊥<u>持世</u>！菩薩摩訶薩，觀「行陰」從「顛倒」起，(由)「虛妄、憶想、分別」假借。 ㊦而有菩薩爾時若「身行、口行、意行」，皆觀「不淨、無常、苦、空、無我」。如是觀時作是念： ❶「非陰」是「行陰」。 （沒有真實的一個「陰」名為「行陰」） ❷「苦陰」是「行陰」。 （「行陰」就是「苦陰」） ❸「因緣生陰」是「行陰」。 （「行陰」是從眾因緣所生起之「陰」） ❹「像陰」是「行陰」。 （「行陰」只是一種影像之「陰」） 諸「行陰」(為)「無增、無減、無集」，若「身行、口行、意行」，無有「作者」。

㉟智者不貪受是「行陰」，何以故？

❶是諸身行(行陰)，不在「身內」，不在「身外」，不在「中間」。

❷「口行、意行」亦如是，不在「意內」，不在「意外」，不在「中間」。

㈤「行陰」中無(真實之)「行陰」相，何以故？是「行陰」(皆)從「眾因緣」顛倒(生)起，虛妄不真，(「行陰」由)「先(世)」業(力)果報所攝，(行陰)亦令「因緣」所繫。

㈥能有所行，諸所有行，若「身行」、若「口行」、若「意行」，皆非真行，是無所有「行」。(行陰)是「虛妄行」，是「顛倒行」，是故說「非陰」是「行陰」(沒有真實的一個「陰」名為「行陰」)。

㈦何以故？智者不決定得「行陰」相，是「身行」、是「口行」、是「意行」。「此處、彼處、若內、若外」，又「身口意」行，尚無決定「行相」可得可說，何況「行陰」可得可說？是故說「無陰」是「行陰」(沒有真實的一個「陰」名為「行陰」)。

一－36 凡夫起「顛倒想」，貪著「身口意」行，「憶念分別」是「行陰」，為「行陰」所縛，馳走往來

西晉·竺法護 譯《持人菩薩經》	後秦·鳩摩羅什 譯《持世經》
	ⓐ凡夫起「顛倒想」，貪著「身口意」行，「憶念分別」是「行陰」，為「行陰」所縛，馳走往來。
	ⓑ是凡夫人，以「顛倒」故，起「身口意」行，起已「貪著」歸趣。
	ⓒ(於)「無法」生「法想」，(於)「無陰」生「陰想」，貪著「顛倒」行故，為「行陰」所繫，往來五道。
	ⓓ常隨「身口意」行，不能如實觀「身口意」行，不能「如實」觀「行陰」故。
	ⓔ以「身口意」而起諸行，是諸凡夫著「顛倒」故，著「不真法」故，著「虛妄」故，數&(稱道)名「行陰」。

一－37 菩薩正觀「行陰」無有「根本」，乃「眾緣和合」，是中無有「真實」之「行陰」

西晉・竺法護 譯 《持人菩薩經》	後秦・鳩摩羅什 譯 《持世經》
	㊀持世！菩薩於此中，如是「正觀」諸行無有「根本」，(「行陰」乃)羸劣無力，以「眾緣和合」，可說「行陰」是中無有「真實」(之)「行陰」。 ㊁「無陰」是「行陰」(沒有真實的一個「陰」名為「行陰」)，從本已來「不生」是「行陰」。「無性」是「行陰」，諸行「前際」不可得、「後際」不可得，「中際」不可得，無有住時。諸行「念念生滅」。 ㊂持世！菩薩如是正觀「行陰」空不可得，不堅牢相，乃至毫釐，亦不可得。 ㊃作是念：是諸凡夫為「不堅牢法」所繫，(為)「行陰」所繫，「貪著」所縛，起「身口意」行。 ㊄「我」是「行」、「我所」是「行」，起如是業，為「行陰」所縛。不知「行陰」性，入「無明」癡冥。於諸「行」中，生「真實想」，以「顛倒」故，貪著受取「行陰」，是人貪著受取「行陰」故。

（陸）或起「樂行」，或起「苦行」，或起「不苦不樂行」。

❶是人起「樂行」已，得「樂身」。

❷起「苦行」已，得「苦身」。

❸起「不苦不樂行」已，得「不苦不樂身」。

（柒）

❶是人得「樂身」已，生「愛」。

❷得「苦身」已，生「瞋」。

❸得「不苦不樂身」已，生「愚癡」。是人以「愛、瞋、癡」故。

（捌）不見諸行過惡，不能清淨「身口意」行，是人「身口意」行，不清淨故。

（玖）墮「不清淨道」中，所謂「地獄、畜生、餓鬼」，或時暫生「天人」中，貪著「身口意」行，深著「行陰」，菩薩摩訶薩應如是「正觀」。

一一 **38** 應清淨「身口意」行，不應貪著「行陰」。應觀「行陰」之過惡。如是觀者，名為「如實」正觀「行陰」

西晉・竺法護 譯《持人菩薩經》	後秦・鳩摩羅什 譯《持世經》

⑪今我等不應隨「凡夫」學，我等應清淨「身口意」行，不應貪著「行陰」。應觀「行陰」(之)過惡，應求出「行陰」(之)道。如是觀者，名為「如實」正觀「行陰」。

⑫亦名正觀「行陰」無常，即時「如實」觀「諸行」，諸行「集」，諸行「滅」，諸行「滅道」，「不受、不貪、不著」諸行，亦「不貪、不著」行陰。

⑬如是觀時，遠離「行相」，亦行無「行陰」道，即觀諸行(行陰)空，於一切諸行(行陰)中，驚怖生「厭離心」。但起清淨「身口意」行，壞「行」相故，離「行陰相」故。

⑭是人有所得身皆是清淨，何以故？是人❶「身業」清淨。
❷「口業」清淨。
❸「意業」清淨。
❹「身行」清淨。
❺「口行」清淨。
❻「意行」清淨。
是人遠離「行陰」相，壞諸法及根本相。

一一 39 「行陰」無「決定相」。譬如「芭蕉」，「堅牢相」不可得，「無堅牢相」亦不可得

西晉・竺法護 譯《持人菩薩經》	後秦・鳩摩羅什 譯《持世經》
	壹如是正觀時，
	❶見「行陰」無所從來，亦無所去。
	❷不得諸「行」(之)決定「生相」，亦不得(諸行之)決定「滅相」。
	貳即觀諸行「無生滅相」，一切諸「行」，亦無「生滅」，是人觀一切諸行「無生滅相」，生「厭離心」，正通達諸行「集、滅」相。
	參雖證諸行「無生相」，而善通達「諸行相」，何以故？持世！是「行陰」無「決定相」。
	肆譬如「芭蕉」，「堅牢相」不可得，「無堅牢相」亦不可得。
	伍「行陰」亦如是，「堅牢相」不可得，「無堅牢相」亦不可得。
	陸持世！菩薩摩訶薩如是觀察，選擇思惟入於「行陰」。

```
┌─────────────────────────────────────────────┐
│                                             │
│                                             │
│                                             │
└─────────────────────────────────────────────┘
```

西晉・竺法護譯《普曜經・卷第八》

佛告王曰：天下有眼，未必色故也。觀「色」無常，「痛痒(受陰也)、想、行、識」亦復「無常」。

西晉・法護譯《光讚經・卷第一》

(1)佛告舍利弗……其為空者，無「色」、無「痛痒(受陰也)、思想、生死(行陰也)、識」，不復異「色」空，不復異「痛痒(受陰也)、思想、生死(行陰也)、識」空。

(2)如「色」空，「痛痒(受陰也)、思想、生死(行陰也)、識」亦空。

(3)所謂空者，「色」則為空，「痛痒(受陰也)、思想、生死(行陰也)、識」亦自然。

西晉・法護譯《光讚經・卷第一》

(1)佛復告舍利弗：菩薩摩訶薩行般若波羅蜜時，當作斯觀：

(2)所號「菩薩」、所謂「佛者」亦「假號」耳。

(3)所謂「名色、痛痒(受陰也)、思想、生死(行陰也)、識」亦「假號」耳。

後漢・支婁迦讖譯《道行般若經・卷第一》

菩薩行般若波羅蜜，「色」不當於中住，「痛痒(受陰也)、思想、生死(行陰也)、識」，不當於中住。

西晉・竺法護譯《度世品經・第六》

(1)佛說「色」如「沫」。

(2)「痛痒」(受陰也)如「水泡」。

(3)「想」悉如「野馬」。

(4)「行」者譬「芭蕉」。

(5)其「心」猶如幻，「識」現若干變。

(6)演五陰如此，達者無所著。

西晉・竺法護譯《佛說胞胎經》

<u>阿難</u>！因緣合會，因緣俱至……肧胎如是，不從「父母」、不離「父母」，又緣父母「不淨之精」，得成胞裏。因此成「色、痛痒(受陰也)、思想、生死之識」。

西晉・竺法護譯《佛說如幻三昧經・卷上》

「色、痛痒(受陰也)、思想，生死行」亦然，說「識」亦復「空」，五陰無處所。

後漢・支婁迦讖譯《佛說遺日摩尼寶經》

無法、無我、無人、無壽、無常、無「色」、無「痛痒」(受陰也)、無「思想」、無「生死(行陰也)、識」，

西晉・竺法護譯《大哀經・卷第三》

(1)何謂眾生「心之所處」？眾生「心處」，則有四事。何謂為四？
　　一曰「色心」之處。
　　二曰「痛痒」(受陰也)。
　　三曰「思想」。
　　四曰「生死」之處(應該包含行陰和識陰)所。
(2)彼於「處所」而「無所住」。如來明此於無住、際。愚戇凡夫，不能曉了。

西晉・竺法護譯《佛說大方等頂王經》(一名維摩詰子問)

(1)佛復告善思：「色」空不可得，「痛(受陰也)、想、行、識」空，亦不可得。
　　所謂「空」者，色則為「空」，無復異「空」(沒有異於「性空」之理的)。
　　「痛(受陰也)、想、行、識」空，無復異「空」。
　　四大、五陰、十八諸種、三界本「空」。
　　「十二因緣」無，則為「空」，無復異「空」。

現世、度世、有為、無為，四大皆「空」，無復異「空」。

(2)「色」如「聚沫」。

(3)「痛痒」(受陰也)如「泡」。

(4)「思想」如「芭蕉」。

(5)「生死」(行陰也)如「夢」。

(6)「識」如「幻」。

(7)三界猶化，五趣如影。所以如影，從「緣」對生。

(8)三界本末，欲界、色界及無色界，「心意」所為。猶如畫師，治素壁板，「因緣合成」猶如飛鳥飛行空中。

後漢・支妻迦讖譯《佛說伅真陀羅所問如來三昧經・卷下》

(1)五陰若如幻，其「色」本，若「水中之沫」。

(2)「痛痒」(受陰也)者，若「水中之泡」而自然。

(3)「思想」者，若「野馬」，如「芭蕉」無所得。

(4)「生死」(行陰也)無所得。

(5)「心意」所知，但有字。

(6)佛言：若如幻，知五陰本如空。

西晉・聶承遠譯《佛說超日明三昧經・卷上》

(1)觀「色」如「泡」。

(2)「痛痒」(受陰也)如「沫」。

(3)「想」如「芭蕉」。

(4)「生死」(行陰也)如「影」。

(5)「識」若如「幻」。

(6)不為「色」使。

　　不為「痛痒」(受陰也)惑。

　　不為「想」還。

　　不為邪「行」。

　　不為「識」退解。

五陰空，是為五。

西晉・<u>竺法護</u>譯《佛說阿惟越致遮經・卷中》

(1)佛告<u>阿難</u>……何謂目覩一切法空？……無有內外，則不可獲。一切諸法「不起不滅」。人之本際則泥洹也。

(2)所號「本淨」，但著「言」耳，則無所有。「法」不可建，因「名」演稱，「語」無所達。所以者何？其「言」則「空」，「口之」所說，不解已「無」……

(3)自察「色陰」但是「聲」耳。此「色陰」者，計於「色」生，唯有「名」矣。以離「言、聲」則無有「陰」。其「色陰」者，無身、無我。所以者何？因「口」作號，所言亦「空」。不起不滅，所言自然。不著「吾我」，不得久存，況口言乎！

(4)目覩「色陰」則為「痛痒」（受陰也）。「痛痒（受）陰」滅則不有名。
因「口」之說，號為「痛痒」（受陰也）。「痛痒（受）陰」，無身、無我。所以者何？
所謂「痛（受）陰」其言則空，不起不滅。言「不著身」，則「無所住」，況於「言」乎！

(5)曉「痛痒（受）陰」。即觀「想陰」，若寂「想陰」，則無思想。想陰；號耳，無身、無我。所以者何？
口之所說「思想陰」者，其言則「空」，不起不滅。分別言已，不著自然。心無所立，何況口言！

(6)觀「想陰」已，則「生死陰」（行陰也）已滅。「行陰」則無「生死」。所謂「行陰」，無身、無我。所以者何？
所號「行陰」，言其則「空」，不起不滅，但著「言」耳。不得久存，況口所說！

(7)觀「行陰」已，則有「識陰」。假使「識陰」淡然寂滅。則此「識陰」但陰「聲」耳。所以者何？
其號「識陰」，是則「空」耳。不起不滅，其言自然。無所住止，況言說乎。

是「五陰」者，皆無所有。

西晉・竺法護譯《諸佛要集經・卷上》
(1)**如來常說：**「**色**」**如**「**聚沫**」**。**
(2)「**痛痒**」(受陰也)**如**「**泡**」**。**
(3)「**想**」**如**「**野馬**」**。**
(4)「**行**」**如**「**芭蕉**」**。**
(5)「**心識**」**如**「**幻**」**。**

西晉・竺法護譯《佛說大淨法門經》
(1)「**色**」**者如**「**聚沫**」**。**
(2)「**痛痒**」(受陰也)**泡起頃。**
(3)**了**「**想**」**如**「**野馬**」**，吾曉知如是。**
(4)「**行**」**虛猶**「**芭蕉**」**。**
(5)「**識**」**者譬如**「**幻**」**。**

東晉・聖堅譯《佛說演道俗業經》
(1)**佛告長者，智慧復有六事。**
　　一曰：解「**色**」**如**「**聚沫**」**。**
　　二曰：了「**痛痒**」(受陰也)**如**「**水泡**」**。**
　　三曰：「**思想**」**如**「**野馬**」**。**
　　四曰：曉「**生死**」**如**「**芭蕉**」**。**
　　五曰：察「**識**」**如**「**幻**」**。**
　　六曰：「**心神**」**如**「**影、響**」**。**
(2)**計本悉空，皆無處所。佛於是頌曰：**
(3)**解**「**色**」**如**「**聚沫**」**，**「**痛痒**」(受陰也)**如**「**水泡**」
(4)「**思想**」**猶**「**野馬**」**，**「**生死**」(行陰也)**若**「**芭蕉**」**。**
(5)**了**「**識**」**假譬幻，三界無一好。**
(6)**分別悉空無，爾乃至大道。**

後漢・安世高譯《五陰譬喻經》
一時佛遊於靡勝國**，度河津，見中**「**大沫聚**」**隨水流，即告比丘言：**

(1)諸比丘，譬如此「大沫聚」隨水流。目士見之，觀視省察。即知非有、虛無、不實，速消歸盡。所以者何？「沫」無強故。

　如是比丘，一切所「色」，去、來、現在，內外麁細，好醜遠近。比丘！見此當熟省視觀，其不有、虛無、不實。但病、但結、但瘡、但偽。非真、非常，為苦、為空、為非身、為消盡。所以者何？「色」之性無有強。

(2)譬如比丘，天雨滴水，「一泡」適起，一泡即滅。目士見之，觀視省察。即知非有、虛無、不實；速消歸盡。所以者何？「泡」無強故。

　如是比丘，一切所「痛」(受陰也)，去、來、現在……「痛」(受陰也)之性，無有強故。

(3)譬如比丘，季夏盛熱，日中之「炎」。目士見之，觀視省察。即知「非有」……「炎」無強故。

　如是比丘。一切所「想」，去、來、現在……「想」之性無有強。

(4)譬如比丘，人求良材，擔斧入林。見大「芭蕉」，鴻直不曲。因斷其本，斬其末，劈其葉。理分分皮而解之。中了無心，何有牢固？目士見之，觀視省察。即知「非有」……彼「芭蕉」無強故。

　如是比丘一切所「行」，去、來、現在……「行」之性無有強。

(5)譬如比丘，「幻師」與「幻弟子」，於四衢道、大人眾中。現若干「幻」，化作群象、群馬、車乘、步從。目士見之，觀視省察，即知「不有」……幻無強故。

　如是比丘。一切所「識」，去、來、現在……「識」之性無有強。

　於是佛說偈言：

(6)「沫聚」喻於「色」。「痛」(受陰也)如「水中泡」。

(7)「想」譬「熱時炎」。「行」為若「芭蕉」。

(8)夫「幻」喻如「識」。諸佛說若此。

東晉・瞿曇僧伽提婆譯《增壹阿含經・卷第二十七》

　多耆奢白佛言：

(1)「色」者無牢，亦不堅固，不可覩見，幻偽不真。

(2)「痛」(受陰也)者無牢，亦不堅固，亦如「水上泡」，幻偽不真。

(3)「想」者無牢，亦不堅固，幻偽不真，亦如「野馬」。

(4)「行」亦無牢，亦不堅固，亦如「芭蕉」之樹，而無有實。

(5)「識」者無牢，亦不堅固，幻偽不真……

(6)「色」如「聚沫」。

　「痛」(受陰也)如「浮泡」。

　「想」如「野馬」。

　「行」如「芭蕉」。

　「識」為「幻法」。

西晉‧竺法護譯《普曜經‧卷第八》

(1)明士達之，「色」如聚沫。

(2)「痛痒」(受陰也)如泡。

(3)「思想」如「芭蕉」。

(4)「行」亦如「夢」。

(5)「識」喻如「幻」。

(5)三界如化，一切無常，不可久保。

唐‧地婆訶羅譯《方廣大莊嚴經‧卷第十二》

(1)「色」是「無常、苦、空、無我」。受、想、行、識，亦是「無常、苦、空、無我」。

　「色」如「聚沫」，不可撮摩。

(2)「受」如「水泡」，不得久立。

(3)「行」如「芭蕉」。

(4)中無有堅「想」，如所夢；為虛妄見。

(5)「識」如「幻化」，從「顛倒」起。三界不實，一切無常。

西晉‧無羅叉譯《放光般若經‧卷第十五》

(1)佛言：菩薩行禪，觀「色」如「聚沫」，

(2)觀「痛」(受陰也)如「泡」，

(3)觀「想」如「野馬」，

(4)觀所作「行」如「芭蕉」，

(5)觀「識」如「幻」。

後秦・鳩摩羅什譯《摩訶般若波羅蜜經・卷第二十》

(1)佛言：菩薩住禪那波羅蜜，觀「色」如「聚沫」，

(2)觀「受」如「泡」，

(3)觀「想」如「野馬」，

(4)觀「行」如「芭蕉」，

(5)觀「識」如「幻」。

(6)作是觀時，見五陰無「堅固」相，作是念：割我者誰？截我者誰？誰
受？誰想？誰行？誰識？誰罵者？誰受罵者？誰生瞋恚？是為菩薩
住禪那波羅蜜取羼提波羅蜜。

東晉・佛馱跋陀羅譯《大方廣佛華嚴經・卷第四十三》

(1)觀「色」如「聚沫」。

(2)「受」如「水上泡」。

(3)「想」如春時「焰」。

(4)眾「行」如「芭蕉」。

(5)「心」如「工幻師」，示現種種事。

(6)善分別「五陰」，其心無所著。諸入悉空寂……

(7)菩薩知「五陰」，無有去來今。因由「煩惱業」，轉此三苦輪。

後秦・鳩摩羅什譯《大寶積經・卷第九十四》

(1)「色」如「水沫」，即是生滅，不得久住。

(2)「受」如「水泡」，即是生滅，不得久住。

(3)「想」如「野馬」，即是生滅，不得久住。

(4)「行」如「芭蕉」，即是生滅，不得久住。

(5)「識」如「幻化」，即是生滅，不得久住。是名知五陰。

宋・智嚴共寶雲譯《大方等大集經・卷第二十八》

諸陰如夢、如響、如像、如影、如化、如化等性。無我、無眾生、無命、無人。是諸陰等，亦復如是。能如是知，是名菩薩觀陰方便。

宋・功德直譯《菩薩念佛三昧經・卷第四》
(1)觀於「色陰」當如「芭蕉」。
(2)次觀「受陰」如「水上泡」。
(3)復觀「想陰」如「熱時焰」。
(4)又觀「行陰」如「空中雲」。
(5)觀於「識陰」猶如「幻化」。

隋・達磨笈多譯《大方等大集經菩薩念佛三昧分・卷第七》
(1)當觀是「色」如「芭蕉虛」。
(2)當觀是「受」如「水上泡」。
(3)當觀是「想」如「熱時焰」。
(4)當觀是「行」如「空中雲」。
(5)當觀是「識」如「鏡中像」。

姚秦・鳩摩羅什譯《坐禪三昧經・卷下》
五陰亦爾。因此五陰生，後世五陰出。「非」此五陰至後世，亦「不離」此五陰得後世五陰，五陰但從「因緣」出。譬如穀子中芽出，是子「非芽」，亦非「餘芽邊」生，非異非一。

東晉・佛陀跋陀羅譯《達摩多羅禪經・卷上》
(1)觀「色」如「聚沫」。
(2)「受」如「水上泡」。
(3)「想」如「春時炎」。
(4)眾「行」如「芭蕉」。
(5)「識」種猶如「幻」。虛妄無真實。

後漢・支婁迦讖譯《佛說㐌真陀羅所問如來三昧經・卷下》

(1)視諸「色」若水中之聚沫，自於「色」不貢高。

(2)於安於「苦」，視若雨中之泡，若得安，不以為「愛」。若得「痛」(受陰也) 而不怒。於安隱亦不喜，於痛亦不憂。

(3)視而知「思想」，若「野馬」。其心亦不在男。亦不在女。

(4)「生死」(行陰也)譬如「芭蕉」，知生死無有可於「生死」。亦不念「有」，亦 不念「無」。

(5)其「識」譬如幻。視其「心意」，若「幻」無有異，於諸法無有著。

西晉・聶承遠譯《佛說超日明三昧經・卷上》

(1)了「色」沫。

(2)「痛」(受陰也)若泡。

(3)「想」野馬。

(4)「行」芭蕉。

(5)「識」猶幻。心本淨，意喻夢。

西晉・聶承遠譯《佛說超日明三昧經・卷上》

觀「四大」空，猶若如「夢」。計五陰本，則「野馬」也……計五陰本無，譬若如「野馬」。

元魏・菩提流支譯《佛說法集經・卷第三》

(1)「色」如聚沫。

(2)知「受」如水泡。

(3)知「想」如陽焰。

(4)知「行」如芭蕉。

(5)知「識陰」如幻。

隋・那連提耶舍譯《大莊嚴法門經・卷下》(亦名文殊師利神通力經 亦名勝金色光明德女經)

(1)見「色」如「水沫」。

(2)諸「受」悉如「泡」。

(3)觀「想」同「陽炎」。如是我識彼。

(4)見「行」如「芭蕉」。

(5)知「識」猶如「幻」。

「芭蕉」是「中空」的，象徵生命的「脆弱」。

《佛說維摩詰經》卷 1〈2 善權品〉

是身如芭蕉，中無有堅。

是身如幻，轉受報應。

是身如夢，其現恍惚。

是身如影，行照而現。

是身如響，因緣變失。

《禪宗永嘉集》

(1)四大五陰，一一非我，和合亦無，內外推求，如水聚沫，浮泡陽焰，
芭蕉幻化，鏡像水月。

(2)畢竟無人，無明不了，妄執為我，於非實中，橫生貪著。殺生偷盜，
婬穢荒迷，竟夜終朝，矻矻造業，雖非真實，善惡報應，如影隨形。

《宏智禪師廣錄》卷 9

觀身因緣，芭蕉不堅，悟世幻化，木槿之謝。

《解脫道論》卷 7〈8 行門品〉

問曰：云何處無力故壽命無力？

答曰：此身「無自性」，如「水泡」喻，如「芭蕉」喻，如「水沫」喻，無有
真實。離真實故，如是處無力故，成壽命無力。

《大明三藏法數(第 14 卷-第 35 卷)》卷 15

【一：色如聚沫喻】

　　「色」即眾生「色身」。「沫」即「水沫」。謂「沫」因風吹水成聚，虛

有相狀，體本不實。以譬眾生「色身」亦如「聚沫」，虛假不實也。

【二：受如水泡喻】

「受」即「領受」之義。「水泡」即「浮漚」也。謂「水」因風動，或因物繫，忽爾成「泡」，須臾即「沒」。以譬眾生所受「苦、樂」之事亦如「水泡」起滅，無常也。

【三：想如陽燄喻】

「想」即「想念」之義，「陽燄」即「日光」也。謂遠望曠野，「日光」發燄，如「水溶漾」，而實非水，「渴」者「想」為「水」故。以譬眾生「妄想」亦如「陽燄」，本無實體，因念成「想」，皆是虛妄也。

【四：行如芭蕉喻】

「行」即「造作」之義，謂「芭蕉」體是「危脆」之物，無有「堅實」。以譬眾生「造作」諸「行」，亦如「芭蕉」之「虛脆」而無「堅實」也。

【五：識如幻事喻】

「識」即「分別」之義，「幻事」即「幻術」之事也。謂如「幻巾」為「馬」，「幻草」木為「人」，皆「幻」力所成，本無實體。以譬眾生「識心」分別諸法，皆隨「境」生滅，亦無有實也。

《廣弘明集》卷 15

生分本多端，芭蕉知不一，含蕚 不結核，敷花何由實。

《全上古文・全宋文》卷 33

盧綸《題念濟寺量上人》云：浮生亦無著，況乃是芭蕉。

《全唐詩》卷 279

劉禹錫《禪客見問》云：身是芭蕉喻，行須竹 竹扶。

《全唐詩》卷 357

徐凝《宿冽上人房》云：覺後始知身是夢，況聞寒雨滴芭蕉。

《全唐詩》卷 474

<u>王安石</u>《贈約之》云：但當觀此身，不實如芭蕉。

《全宋詩》卷 538
<u>黃庭堅</u>《和元明兄知命弟九日相憶》云：萬水千山懶問津，芭蕉林裏自觀身。

《全宋詩》卷 1007
<u>張耒</u> 《臥病呈子由》云：是身不實似芭蕉。

《持世經》兩種譯本對照
第二卷

二－1「識陰」從「顛倒」生起，由「先世」業力及「現在諸緣」所繫縛。「識陰」從「憶想分別」生起，「假借」而有

西晉・竺法護 譯 《持人菩薩經》	後秦・鳩摩羅什 譯 《持世經》
	〈五陰品・第二之二〉 ㊀持世！何謂菩薩摩訶薩正觀察選擇「識陰」？ ㊁菩薩摩訶薩觀： ❶「非陰」是「識陰」。 （沒有真實的一個「陰」名爲「識陰」） ❷「顛倒陰」是「識陰」。 （「識陰」是從顛倒虛妄中產生的） ❸「虛妄陰」是「識陰」。 （「識陰」是「不眞實」的） ㊂何以故？持世！是「識陰」從「顛倒」起，(由)「虛妄緣」所繫，從「先(世)」業(力)有，(及)「現在緣」所繫，(識陰)屬「眾因緣」。

	㊅(識陰乃)**虛妄無所有**，(由)「**憶想分別**」(生)起，從「識」而生，有所「識」故，名之為「識」。
	㊄(識陰)從「憶想分別」覺觀生(起)，「假借」而有，(因)有所「識」故，數ㄕㄨㄛˋ(稱道)名為「識」。
	㊅(識陰)以識「諸物」故，以(生)起「心業」故，以「思惟」故，「眾緣生相」故，起種種「思惟」故，數ㄕㄨㄛˋ(稱道)名「識陰」。

二－2 「識陰」或名為「心、意、識」，皆是「意業分別」故。從「眾因緣」生，故「無自性」，念念「生滅」

西晉・竺法護 譯 《持人菩薩經》	後秦・鳩摩羅什 譯 《持世經》
	㊀(識陰)從有所識，有「識像」出，示心業故，攝「思惟」故，數ㄕㄨㄛˋ(稱道)名「識陰」。
	㊁(識陰)或名為「心」(第八識)，或名為「意」(第七識)，或名為「識」(第六識)，皆是「意業分別」故。「識陰」所攝，識相、識行、識性示故，數ㄕㄨㄛˋ(稱道)名「識陰」。

參如是「非陰」是「識陰」(沒有眞實的一個「陰」名爲「識陰」)，不生、不起、不作，但以「顚倒」相應，緣「虛妄識」故，數&(稱道)名「識陰」。

肆何以故？是「識陰」從「眾因緣」生，「無自性」，次第相續生，念念「生滅」，是識緣不生(眞實之)「陰相」。

伍何以故？是「識陰」(之)「生相」不可得，「決定相」亦不可得。

陸
❶「生相」不可得故。
❷「決定相」不可得故。
❸「根本無所有」故。
❹「自相無」故。
❺「牢堅不可得」故。

柒智者「正觀察」選擇，通達「非陰」是「識陰」(沒有眞實的一個「陰」名爲「識陰」)。

二－3 凡夫貪著「識陰」，依止所「識」，依止「識」種種示「思惟」故，生起「識陰」，「假借」强名是「心、意、識」

西晉・竺法護 譯《持人菩薩經》	後秦・鳩摩羅什 譯《持世經》
	❶凡夫於非「識陰」生「識陰」相，以「覺觀」分別憶想，(與)顛倒相應，(為)虛妄所縛，強名為「識陰」。 ❷(凡夫)貪著是「識陰」，依止所「識」，依止「識」種種示「思惟」故，生起「識陰」。 ❸是人種種分別，貪著「內識」，貪著「外識」，貪著「內、外」識，貪著「遠識」，貪著「近識」，以識相故，分別起「識陰」。 ❹是人以「憶想分別」，若「心」(第八識)、若「意」(第七識)、若「識」(第六識)，「假借」強名是「心」(第八識)、是「意」(第七識)、是「識」(第六識)，如是知種種「心相」生。

二－4 凡夫貪著「識陰」，為「識陰」所縛，由「心、意、識」眾緣和合，故生起種種「識陰」

西晉・竺法護 譯《持人菩薩經》	後秦・鳩摩羅什 譯《持世經》
	❶是凡夫貪著「識陰」，為「識陰」

所縛，「心（第八識）、意（第七識）、識（第六識）」合故，起種種「識陰」。分別虛妄事故，以「一相」故，以「決定相」故。

（貳）能得是「心」（第八識）、是「意」（第七識）、是「識」（第六識），能得「分別」愛著，是人依止「識陰」，深貪「識」故。

（參）

亦得過去「識陰」，貪著念有。
亦得未來「識陰」，貪著念有。
亦得現在「識陰」，貪著念有。

（肆）諸凡夫於「見、聞、覺、知」法中，計得「識陰」，貪著念「有」，是人貪著「見、聞、覺、知」法，為「識陰」所縛。貴其所知，以「心、意、識」合繫故，馳走往來。

（伍）所謂從「此世」至「彼世」，從「彼世」至「此世」，皆（為）「識陰」（之）所縛故。不能「如實」知「識陰」，「識陰」是虛妄不實，（與）顛倒相應。

（陸）（識陰乃）因「見、聞、覺、知」法（生）起，此中無有（真）實「識」者：若不能如是「實觀」，或起「善識」，或

	起「不善識」，或起「善、不善」識。是人常隨「識」行，不知「識」所生處，不知「識」(之)「如實相」。

二－5 菩薩應如是正觀「識陰」，從「虛妄識」生起，所謂「見、聞、覺、知」法；為「眾因緣」所生。凡夫於「無法」生「法想」，故貪著「識陰」

西晉・竺法護 譯 《持人菩薩經》	後秦・鳩摩羅什 譯 《持世經》
	㊆持世！菩薩摩訶薩於此中，如是「正觀」，知「識陰」(乃)從「虛妄識」(生)起，所謂(由)「見、聞、覺、知」法中，(為)「眾因緣」(所)生，(凡夫於)「無法」(中)生「法想」，故貪著「識陰」。 ㊎我等不應隨「凡夫」學，人我等當如實「正觀察」選擇「識」，如實「正觀察」選擇「識陰」。 ㊏是諸菩薩「如實觀」時，知「識陰」(乃)虛妄不實，從本已來，常不生相，知： ❶「非陰」是「識陰」。 (沒有真實的一個「陰」名為「識陰」) ❷「像陰」是「識陰」。

（「識陰」只是一種影像之「陰」）

❸「幻陰」是「識陰」。

（「識陰」只是一種虛妄之「陰」）

㴑譬如「幻」所化（之）人識，不在「內」、亦不在「外」，亦不在「中間」。「識性」亦如是，如「幻性」，（由）虛妄（眾）緣（所）生，從「憶想分別」（生）起，無有實事，如「機關木人」（人身乃由「五蘊假和合」而成，無有實自性而虛假，猶如傀儡，故經典常以「機關木人」喻人身）。「識」亦如是，（皆）從「顛倒」起虛妄，（由）「因緣和合」故有。

㐵如是觀時，知「識」皆「無常、苦、不淨、無我」，知「識相」如幻，觀「識性」如幻。

㔸菩薩爾時作是念：世間甚為「狂癡」，所謂從「憶想分別」（生）識（而）起於世間，（便）與「心、意、識」合，三界但皆是「識」（所造；所緣現）。

㭽是「心、意、識」，亦「無形、無方」，不在「法內」、（亦）不在「法外」。

二－6 凡夫為「虛妄」所縛，故於「識陰」中貪著「我、我所、內、外、彼、我」，故為「識陰」所縛

西晉・竺法護 譯 《持人菩薩經》	後秦・鳩摩羅什 譯 《持世經》
	㊉凡夫為「虛妄」相應所縛故，於「識陰」中： ❶貪著若「我」、若「我所」。 ❷是人貪著「識陰」在「內」。 ❸貪著「識陰」在「外」。 ❹貪著「識陰」在「內、外」。 ❺貪著「識陰」在「彼、我」。 ❻是人貴此「識陰」，為「識陰」所縛。 ㊍受「識陰」味，說「識陰」相，所謂若「心」、若「意」、若「識」，隨味行故，貪受「識陰」，是人為「識」所縛。 ㊌「識陰」合(和)故，為「心(第八識)、意(第七識)、識(第六識)」所牽，以「心、意、識」因緣力故，生是凡夫。 ㊎ 若起「下思」，得「下身」(下劣的果報身)。 若起「上思」，得「上身」(上等的果報身)。 若起「中思」，得「中身」(中等的果報身)。

	㈤是人隨「心、意、識」力故，生依止諸「入」，貪著「識陰」故，不脫「生老病死、憂悲苦惱」。

二－7 菩薩應「知實」知「識陰」之「集、滅」道。能不生「識陰」，亦不滅「識陰」。知「識陰」從本已來即「無生」性

西晉・竺法護 譯《持人菩薩經》	後秦・鳩摩羅什 譯《持世經》
	㊀菩薩於此中，「如實」正觀選擇「識陰」，如實正觀「識陰」(之)「無常相」故。 ㊁ ❶(於)「過去」(之)「識陰」(乃)「不貪、不著、不念」，知「非陰」是「識陰」(沒有真實的一個「陰」名為「識陰」)。 ❷(於)「未來世」(之)「識陰」亦「不貪、不著、不念」，知「非陰」是「識陰」(沒有真實的一個「陰」名為「識陰」)。 ❸(於)「現在」(之)「識陰」，亦不依止。 ㊂如實知「識陰」(之)「無常相」，如實知「識陰」(之)「生滅相」。若如是思惟正觀「識陰」，是名正觀入「識陰」(之)道。

| | ㉔所謂如實知「識」：
❶如實知「識」(之)「集」。
❷如實知「識」(之)「滅」。
❸如實知「識」(之)「滅道」。
❹是人如實觀「識陰」(之)「集滅相」。

㊄能壞「識陰」，能斷「一切相」，知「識陰」(之)「集滅相」，亦通達「識陰」(之)「集滅相」。

㊅菩薩爾時，亦不生「識陰」，亦不滅「識陰」，是「識陰」從本已來(皆)「無生」。

㊆如是觀時，不分別「識」(之)「滅相」，通達「識陰」(之)「無生相」，何以故？
持世！是「識陰」(乃)「無生、無相、無成」，是「識陰」生性「虛妄」故，入在「無生相」中。 |
| | |

二－**8** 「識陰」乃無「生者、作者、起者、受者、所受者」。但以「眾因緣」生起故有，及緣「見、聞、覺、識」法故繫有

| 西晉・竺法護 譯
《持人菩薩經》 | 後秦・鳩摩羅什 譯
《持世經》 |

⑤持世！「識陰」終不有「生成相」，是「識陰」相（皆）從「眾因緣」生。

⑥持世！菩薩摩訶薩如是觀「因緣法」，「非陰」是「識陰」（沒有真實的一個「陰」名為「識陰」），觀察選擇信解證知，通達諸所有識，悉皆知實。菩薩知「識陰」實故，如是一切所緣，知皆破壞。

⑦持世！菩薩摩訶薩如是觀「識陰」：
❶知是「識陰」（乃）「無生者」。
❷無「作者」、無「起者」。
❸無「受者」、無「所受者」。
❹但以「眾緣」生（起），「眾緣合」（而）故有，（攀）緣「見、聞、覺、識」法故繫有。

⑧（識陰）從本已來，常「畢竟空」，如是觀「識陰」時，即知「識陰」是「無作、無起相」，「不貴、不著」。

⑨持世！菩薩摩訶薩如是正觀察選擇入「識陰」。

二－9 菩薩應如實正觀「五受陰」之「無常相」，則能除斷「欲染」

西晉·竺法護 譯《持人菩薩經》	後秦·鳩摩羅什 譯《持世經》
	㊀若菩薩能如是方便入「五陰」，能如是方便正觀「五陰」，是名「通達入五陰集滅道」，皆能斷「諸陰相」，真知「五陰方便」。 ㊁以是方便故，於「五受陰」中，「不貪、不著、不縛、不繫」，如實知色「無常相」，是菩薩若於「色」有「欲染」，則能除斷。 ㊂亦如實知「受、想、行、識」，亦如實知「受、想、行、識」無常相。若於「受、想、行、識」中，有「欲染」則能除斷。 ㊃菩薩於「五受陰」中，除斷欲染故，隨順通達，決定「五陰」方便。如是觀時，能知「五受陰」細微生滅相。

二－10 菩薩應如實正觀「五受陰」之微細「生滅相」，入類

因「歌羅羅」之「五受陰」相，故假名為「人」

西晉・竺法護 譯 《持人菩薩經》	後秦・鳩摩羅什 譯 《持世經》
	⑤持世！何謂菩薩摩訶薩能觀察選擇「五受陰」（之）細微「生滅相」？
	⑥菩薩摩訶薩，觀眾生初入胎「歌羅羅」(kalala 入胎第七天)時，先(世)之「五陰」滅，即更有(今世之)「五陰」生(起)。從是已來，觀「五陰」(之)「生滅相」，雖「先(世)」(之)「識」滅，亦知「五陰」非「斷滅」相「識」。
	⑦雖依止「歌羅羅」(kalala 入胎第七天)，亦知「五陰」(乃)「不至、不常」，如是觀初「入胎」(之)一念「五受陰」(之)「生滅相」。
	⑧從「歌羅羅」(kalala 入胎第七天)，乃至「出生」，及後增長，乃至死時。觀此「五受陰」(之)「念念生滅相」，如是觀察選擇「五受陰」微細「生滅相」。
	⑨持世！是「五受陰」(之)微細「生滅相」者，所謂「先(世)」(之)「五受陰」滅，次第「無物」有至胎，(待初

	⁽胎之⁾識初合時,「五陰」即有「生滅」。 ㊌因「歌羅羅」⁽之⁾「五受陰」,⁽故⁾假名為「人」,所以者何?持世!「識」無所依,則不能住,「識」所依者,「五受陰」是。

二─11 菩薩應如實正觀「無色界」諸天之「五受陰」微細「生滅相」。惟諸佛如來善知「五受陰」之微細「生滅相」

西晉·竺法護 譯 《持人菩薩經》	後秦·鳩摩羅什 譯 《持世經》
	㊍持世!又「無色界」中諸天,「五受陰」細微⁽之⁾「生滅相」,亦應如是知。 ㊌持世!如是細微「五受陰」⁽之⁾「生滅相」,⁽以⁾「辟支佛」智慧,⁽亦⁾所不能及,何況「聲聞」智慧!惟諸佛如來,善知「五受陰」,從「初入胎」⁽之⁾細微「生滅相」,及⁽善知⁾「無色天」諸「陰」⁽之⁾念念生滅⁽相⁾。 ㊌所謂「一切智慧」,「出一切世間智慧」,菩薩摩訶薩,得「無生法忍」,至佛慧境界。是人雖如是觀察選擇「五受陰」⁽之⁾「細微相」,從

「初入胎」，乃至(四)「無色天」，亦不能究盡如「諸佛」(之)所知。

(肆)持世！諸佛如來無有「隨他」智慧，(乃)自然「得一切智慧方便」，得「阿耨多羅三藐三菩提」，諸佛智慧(乃)「無所不達」。

(伍)諸佛(有)無礙智慧，於一切法中(能)得「決定慧」，於一切法中(能)得「自在力」，何以故？(諸佛乃)於無量無數千萬億阿僧祇劫，(修)行於「深法」故。

二－12 凡夫「不知、不見」種種虛妄之「取著」，於「顛倒」因緣中而「取著」諸法，故為「諸取」所繫縛

西晉‧竺法護 譯《持人菩薩經》	後秦‧鳩摩羅什 譯《持世經》
	(壹)持世！一切「凡夫」不能如是方便觀「五受陰」，何況觀「五受陰」(之)細微「生滅相」。 (貳)何以故？諸凡夫人不能知「五受陰」(之)「如實」(義)，凡夫不知「取」，不知「受陰」。

㈢持世！何謂為「取」？
「取」名「我取、衆生取、見取、戒取、五陰取、十八性取、十二因緣取」，是名為「取」。

㈣乃至所有法，若「內」、若「外」，所謂：「欲取、有取」，「見、聞、覺、識」取，「我、我所」取。

㈤持世！凡夫於此虛妄「取」，(竟)不知、不見，(於)「顚倒」因緣(中)而「取」諸法，是人為「取」所繫。

㈥「無明」因緣取「諸行」，「諸行」因緣取「識」，「識」因緣取「名色」。「名色」麁相，衆生染著歸趣，所謂「色取、色合、色縛」，及取「四無色(天)陰」，「受、想、行、識」分別為名。

㈦持世！若無諸佛衆生，則「無所知、無所見」，不能正觀「五受陰」，諸佛出於世間，壞衆生依止「色」，壞依止「受、想、行、識」，壞「和合一相」故。

㈧諸佛如來，作如是「分別說」，汝等所依所歸，是名為「色」。是「色」但以「四大和合」。

	㊗「受、想、行、識」但有(假)名字,「名色」相成就,故說「五受陰」。汝等眾生,莫貪歸此不牢堅(之)「五受陰」(相)。

二－13 凡夫從「顛倒」生,入「無明」網,馳走往來,皆因貪受「五受陰」相

西晉・竺法護 譯《持人菩薩經》	後秦・鳩摩羅什 譯《持世經》
	㊀**持世**!如來何故說「五受陰」?
	㊁**持世**!是凡夫人,從「顛倒」生,入「無明」網,馳走往來,何所歸趣?貪受「五受陰」相,作是念,我依止此,當以得樂。
	㊂是人以是樂想貪歸「五陰」,以「苦想」、以「不苦不樂想」,貪歸「五陰」。凡夫人所「歸」、所「依止」處,是名「五陰」。
	㊃**持世**!諸凡夫人,從生以來,盲不知「五陰」為是何等?不知「五陰」從何所來?不知「五陰」如實

| | 故？貪受「五陰」，是故說名「受陰」。

㈤於此中誰有受者，此中「受者」不可得，但以「顛倒」，貪著「分別」，「虛妄」自縛，「無明」癡闇故。

㈥取「我」、取「我所」，取「此、彼」，是故說「受陰」是「五陰」。

㈦無有取者，亦無「決定相」。是故智者，知「非陰」是「五受陰」(沒有真實的一個「陰」名爲「五受陰」)，「顛倒陰」是「五受陰」(「五受陰」是從顛倒虛妄中產生的)。

㈧「無明陰」是「五受陰」，凡夫於此，為所繫縛。 |
| | |

二－14 凡夫貪著「五陰」，故馳走諸趣。貪歸「見、聞、覺、識、愛、無明」

西晉・竺法護 譯 《持人菩薩經》	後秦・鳩摩羅什 譯 《持世經》
	壹(凡夫)貪歸「五取陰」，以貪歸故，不知何等是「取」？何等是「取陰」？但為貪著，所歸「五陰」，往來生死，貪著是「五陰」，故馳走諸

趣。

　㈡貪歸何等？
❶貪歸「見」。
❷貪歸「聞」。
❸貪歸「覺」。
❹貪歸「識」。
❺貪歸「愛」。
❻貪歸「無明」。

　㈢是諸凡夫，為「愛縛」所縛，貪愛「五受陰」，為「諸蓋」所覆，入「無明」闇冥，不知不覺。我等今為「貪歸」何處？繫縛何處？以不知故，往來「地獄、畜生、餓鬼、人天」道中。

　㈣生死所縛，貪歸「生死」，不放不捨，不斷「五陰」，亦不能知「五陰」（之）「如實相」。

　㈤「不如實」知故，（便）為種種苦惱所害，墮「虛空獄」，不知出處。

　㈥是人不見出道故，於無始生死道中，受諸「生死」，是故不能得脫「生老病死、憂悲苦惱」，亦不得度無量「生死險道」，亦不得脫諸「大苦聚」，還復歸趣於「苦」。

	㊆貪著於「苦」，為「苦」所使。何等為苦？「五受陰」是，生時但「苦生」，滅時但「苦滅」。

二－15 若人能觀察「五受陰」乃「空無所有」，皆從「顛倒無明」生起。此人得脫「地獄、畜生、餓鬼」苦惱

西晉・竺法護 譯 《持人菩薩經》	後秦・鳩摩羅什 譯 《持世經》
	㊀持世！我以是因緣故，為弟子說法，汝等比丘，當正觀「色陰」，亦當如實知「色」（之）「無常相」。 ㊁汝等若於「色」中有「欲染」者，當疾除斷，汝等當正觀「受、想、行、識」，亦當「如實」知「受、想、行、識」（之）「無常相」。若於「受、想、行、識」中有「欲染」者，當疾除斷，除斷「欲染」故，心得「正解脫」。 ㊂持世！若有人知我所說法義，如是能如說修行，當得脫「生老病死、憂悲苦惱」。 ㊃若人不能如說修行，為「色縛」

所縛，為「愛繫」所繫，入「無明闇冥」，貪取「五陰」，是人貪取「五陰故」，不能得脫「生死險道」。

㊄持世！以是義故，我說「世間」與我諍，我不與「世間」諍，何等為「世間」？所謂貪著「五受陰」者，為世間所攝。是人貪歸「五陰」，為「五陰」所縛，不知「五陰性」，不知「五陰空相」，而與我諍。是人違逆佛語，與佛共諍故，墮大「衰惱」。

㊅若有人於佛在世，若佛滅後，能如是觀虛妄「五受陰」(乃)空無所有，(皆)從「顛倒無明」闇冥起。虛誑妄想，但誑凡夫，非「五陰」似「五陰」，如是之人不與佛諍，不逆佛語故，得脫「地獄、畜生、餓鬼」苦惱。

二－16 若人貪著「五陰」，不知佛「隨宜」所說之「五陰」法，是人不受「佛教」，不應受「供養」。非佛弟子，入於邪道

西晉‧竺法護 譯 《持人菩薩經》	後秦‧鳩摩羅什 譯 《持世經》
	⓵持世！諸佛不與人諍，斷一切「諍訟」，名之為「佛」，但為眾生

	演說「實法」作是言：汝等先所「取者」，皆是「顛倒」，一切眾生「顛倒力」故，貪歸「五陰」，(故)往來世間，是人貪歸「五陰」已，(使)起種種邪見。 ㊁貪歸種種「名字」，貪歸種種「憂悲苦惱」，是人為種種「邪見煩惱」，種種「憂悲苦惱」之所殘害，無有能為「作救作舍、作歸作趣」，唯「佛」能救。 ㊂凡夫小「心」、小「智慧」故，貪嗜「五欲」，依止多過「五陰」，是「凡夫人」與「救者、歸者、依者、脫一切苦惱者」，而共諍訟。 ㊃持世！我今舉手，其有見「五陰」者，見「陰相」者，貪「五陰」者，我則不與是人為師。是人亦非我「弟子」，不隨我「出家」，不隨我行，不歸依我，是人入於「邪道」。 ㊄入「虛妄道」，取「不實」者，是為「顛倒」，不知佛意，不知佛「隨宜」說「五陰」，不知「佛第一義」，是人不受「佛教」，不應受「供養」而受。

㈥是人我尚不聽「出家」，何況當得受人「供養」？何以故？如是之人（皆）是「外道」徒黨，所謂生「五陰相」者，貪著歸趣「五陰」者。

二－17 若有出家法師貪著「五陰」者，則不應聽受「一杯之水」之供養

西晉・竺法護 譯 《持人菩薩經》	後秦・鳩摩羅什 譯 《持世經》
	㊀持世！當來之世，後五百歲，法欲滅時，於我法中「出家」，多是生「五陰相」者，決定說「五陰相」，深著「五陰」，入「虛妄邪道」。於我法中而得出家，「袈裟」繞咽，常樂往來「白衣居家」，當知是人與「外道」無異，亦以我法，多為眾人恭敬供養。 ㊁持世！我說是見「五陰」者，決定說「五陰」者，貪著「五陰」者，不聽受人一柸(同「杯」)之水。 ㊂所以者何？是人於我法中，乃至無有「柔順法忍」，是人違逆我法，背捨聖行。

	㊕持世！是故菩薩摩訶薩於後惡世，應如是發大誓願，於我如是甚深經典，當共護持，亦斷眾生「五陰見」故，而為說法。

二－18 欲得「諸法實相、阿耨菩提」者，應常觀是「五陰」之「無常、苦、無我、虛妄相、不堅牢、畢竟空、從本已來不生相」

西晉・竺法護 譯 《持人菩薩經》	後秦・鳩摩羅什 譯 《持世經》
	㊀持世！我是經中說「破一切陰相」，離貪著「陰相」。
	㊁爾時多有「在家、出家」聞如是等經，起於「諍訟」，不生「實相」。菩薩摩訶薩於此中，應發「大誓願」，我等於「後惡世」，貪著「五陰」(之)邪見眾生，作大利益。所謂度脫貪著見「五陰」(之)眾生，隨宜方便，以「法」利益(彼人)。
	㊂是故持世！菩薩摩訶薩，若欲得善知「諸法實相」，亦善分別「諸法章句」，欲得「念力」，欲得「轉身」成就「不斷念」，乃至得「阿耨多羅三藐三菩提」，應常觀是「五

陰」：

❶「無常相」。

❷「苦相」。

❸「無我相」。

❹「虛妄相」。

❺「不堅牢相」。

❻「畢竟空相」。

❼從本已來「不生相」。

㊵常正觀時「五受陰」中，所有「欲染」則能除斷，亦得如是等深法中方便。

二－19 過去有大意山王佛及德益國王

西晉・竺法護 譯《持人菩薩經》	後秦・鳩摩羅什 譯《持世經》
《施王品・第四》(闕第三品)	
⓵佛告持人：乃往過去無央數劫，加復越是不可計劫。爾時有佛，號意普玉王如來、至真、等正覺、明行成為、善逝、世間解、無上士、道法御、天人師、為佛、世尊。	⓵持世！過去無量阿僧祇劫，爾時有佛名大意山王如來、應供、正遍知、明行足、善逝、世間解、無上士、調御丈夫、天人師、佛、世尊。
⓶其佛世時，有八十億姟沙門眾，皆「阿羅漢」，諸漏已盡，習學	⓶持世！是大意山王佛，有八十億那由他聲聞眾，皆是「阿羅漢」

不學(有學與無學)「阿那舍、斯陀舍、須陀洹」，亦復如是各八十億姟，諸菩薩八十四億兆載集會佛所。佛言：持人！彼時如來壽八萬歲。

㊂時世有王名曰持陀，君二萬國，民人熾盛，風雨時節，五穀豐饒，萬姓安隱。王所居城，廣長正方，各四百八十里。其城皆以琦珍「四寶」成之，其牆七重，樹木深塹，欄楯周匝，各復七重，網縵珠珞，各復七重。

㊃諸牆壁上，及諸行樹，皆以「四寶」交露帳幔，而圍繞覆，其二萬國，各有五百郡縣屬之。又其樹上，皆生「好衣」，自然七寶，諸細被服，一一池水，各有五百「浴池」從之。

㊄又其「浴池」，皆七寶成，生七寶蓮華，「青、紅、黃、白」滿其池中，其華大如車輪，斯池中水，自然「八味」。

諸漏已盡，及八十億「那由他」學地「阿那舍」，謂菩薩摩訶薩眾四十億「那由他」，是大意山王佛壽八萬歲。

㊂持世！爾時有王名為德益，是德益王有二萬大城，具足豐樂，人民充滿，其城七重縱廣，十二由旬，四寶合成，有「七重塹」，皆有「欄楯」七重行樹，諸寶羅網，遍覆其上。

㊃城塹諸樹，及上羅網，皆以「黃金、琉璃、車渠、馬瑙」四寶合成，一一大城，各有五百園林，皆有「七寶衣樹」充滿其中，一一園林，各有五百「寶池」。

㊄「八功德水」皆滿其中。

二－20 德益國王有無量意、無量力二子

西晉‧竺法護 譯 《持人菩薩經》	後秦‧鳩摩羅什 譯 《持世經》
⑤其土國王，有八萬四千夫人媟女，中宮正后有二太子，一名<u>無限意</u>，二名<u>無限界</u>。	⑤<u>持世</u>！是<u>德益</u>王有八萬媟女，其大夫人有二子，一名<u>無量意</u>，二名<u>無量力</u>。
⑥其太子，各十六。時二太子(_{無限意、無限界})適「臥寐」，於夢中見「如來」形像，端正姝好，紫摩金色，相好莊嚴，威德巍巍，不可限量，光照十方，夢中見是，心中踊悅，欣然無量。	⑥<u>持世</u>！是二王子，各年十六，夢中見佛端正無比，如「閻浮檀」金幢，見大歡喜，覺已，各說偈曰。
⑦⑧其二太子(_{無限意、無限界})，從夢覺已，心中坦然，各以宿懷，識道正真，而歎頌曰： 我今夜夢見，天人中最勝， 體紫摩金色，百福成其相， 以在其夢中，觀一切功勳， 以得覩尊顏，懷悅豫(_{喜悅；愉快})無量， 觀聖神光明，猶日演暉曜， 意中甚歡樂，超越一切眾， 威光極高峻，猶如寶山王， 若目覩其形，靡不抱欣喜。	⑦其一人言： 我今夢見二足尊，金色百福相莊嚴， 成就無量諸功德，見已心得大歡喜。 ⑧第二人言： 我夢見佛明如日，端正姝妙第一尊， 猶如須彌眾山王，巍巍高顯見歡喜。

<u>二－**21**</u> <u>無量意、無量力</u>二王子，於三月中，以一切樂具，

供佛及僧，供養已畢，於佛法中，俱共「出家」

西晉・竺法護 譯《持人菩薩經》	後秦・鳩摩羅什 譯《持世經》
⑤佛告持人：其二太子(無限意、無限界)，見是瑞應，往見父母具說此意：我等兄弟，今日夜夢中，目見「如來」至真，故啓二親，欲往奉詣如來。	⑤持世！即時無量意，無量力二子，詣父母所具說是事，白父母言：今我二人，於夢中見佛，惟願父母，當聽我等俱詣佛所。
⑥興現在世，教化以來久矣，我等「放逸」，沒「五所欲」，不覺佛興，而為「五陰」之所縛結，諸惡羅網之所覆蔽，在於自大，無「恭恪」心，以斯迷惑，不見如來，謟受道慧。	⑥佛久出世，我等放逸，不能覺知，沒「五欲」泥，為「色縛」所縛，為「受、想、行、識」縛所縛。我等在家，以「放逸」故，不能見佛。
⑦二親然之，時「二太子」(無限意、無限界)啓父母已，往詣意普玉王如來所，前稽首足，白世尊曰：罪蓋所覆，迷世榮祿，邪位所惑，不時奉覲，謟受訓誨，慚愧形顏。世尊大哀，威光見照，開發愚冥，乃得奉覲，今欲請佛菩薩聖眾，盡斯「三月」(中)，供以「飲食、衣服、床臥具、病瘦醫藥」一切所安，其彼大城，園觀樓閣，父王所居，嚴飾莊校，懸繒幢蓋，浴池蓮華。	⑦持世！是二王子(無量意、無量力)，為父母說是事已，即詣大意山王佛所，到已，頭面禮佛足，請佛及僧，(於)三月(之中)「四事供養」，衣服、飲食、臥具、醫藥，於大城邊莊嚴德益王所遊園林，懸繒幡蓋，寶華覆地，奉佛及僧，令止其中。

| ㊉（無限意、無限界）啓其二親，貢上如來，諸菩薩學、諸聲聞等，供佛聖眾，見盡「三月」，一切所安。父母同心，亦皆哀之，供養盡節，辭其二親，在如來所，信無慕家，出家學淨，行作「沙門」。 | ㊉其二王子（無量意、無量力），（於）「三月」之中，以一切樂具，供佛及僧，供養已畢，於佛法中，俱共「出家」。 |

二－22 大意山王佛為無量意、無量力二王子，廣說「五陰、十二入、十八性」菩薩方便經

西晉・竺法護 譯《持人菩薩經》	後秦・鳩摩羅什 譯《持世經》
㊀時意普玉王如來至真，見二太子（無限意、無限界）捨國出家，察其志性，則為二人無限意、無限界，班宣（頒布宣諭）於斯，曉了「菩薩五陰衰品」，二太子（無限意、無限界）聞，咸共啓受。	㊀持世！其大意山王佛知此二王子（無量意、無量力）深心所願，而為廣說是「五陰、十二入、十八性」菩薩方便經。
㊁八萬四千歲，未曾「睡寐」，亦不「思食」，復不「寢臥」，唯「坐」思義，經行諷誦，八萬四千歲，未曾起「想」、有他「異念」。	㊁於四萬歲中，終不「睡眠」，常不「滿腹食」，亦不傾臥，若坐若經行，又於四萬歲中，不念「餘事」。
㊂常正精思暢「五盛陰」，了之虛無，本末慌惚，悉空不實，存在顛倒是，「五盛陰」以解如是。不能覺	㊂但念「五受陰」虛妄空相，知是「五受陰」，從「顛倒」起，通達是「五受陰」相畢，其年壽常修「梵

者，迷惑其中。當修梵行，思是法已，解達深義，不見「盛陰」之所歸趣，志存大猷，無所「希冀」，壽終之後，生「兜術天」。	行」，命終即生「兜率」天上。
㊤其時如來滅度之後，從「兜術天」下，還生世間「閻浮利」地大「長者」家。	㊤於佛滅後，還生「閻浮提」大居士家。
㊄至年十六，夜臥夢中，見「如來像」，在於夢中，復從如來，聞如是法，曉了菩薩斯「五盛陰」諸種(十二)入(十八)品，從夢覺起，心懷悲喜。	㊄至年十六，復夢見佛，為說五陰、十八性菩薩從方便經，聞是法已，即覺驚怖。
㊅於一萬歲，淨修「梵行」，復分別了是「五盛陰」諸種(十二)入(十八)品，終而復始，壽終之後，生「忉利天」。	㊅復於佛法，滿萬歲中，常修「梵行」，亦復方便深觀五陰、十二入、十八性菩薩所行方便經，命終生於「忉利天」上。

二－23 無量意、無量力二菩薩觀察修行是「五陰性」，最終次第作佛，一名無量音，二名無量光。若欲得菩提者，應勤修集「五陰、十二入、十八性」

西晉・竺法護 譯《持人菩薩經》	後秦・鳩摩羅什 譯《持世經》
㊀適生尋復終沒，還生世間，在	㊀畢天之壽，生閻浮提「大姓」

「梵志家」，見本宿世意普玉王，最後末世，餘正法訓，留「一千歲」，以宿本德，信不慕家，出家為道。

㉒博學廣聞，智如大海，曉了盛(五)陰諸(十八)種衰(十二)入，求其本末，覺如真諦。時方便勸立，二萬世間人，二萬億天人，皆發「無上正真道意」。

㉓以是因緣，其二太子(無限意、無限界)行菩薩業，俱共和同，見十億姟諸佛世尊，最後末世，逮得「無所從生法忍」(無生法忍)，更復值供億姟兆載諸如來眾。二人(無限意、無限界)俱等，於一劫中，逮得「無上正真道」，為「最正覺」，一號無量音，二號無量光。

㉔是故持人！若有菩薩疾欲得成「無上正真道」為「最正覺」，當勤修學如是像典，如來所暢「諸(五)陰(十二)入(十八)種」，分別有無諸法之無。

婆羅門家，大意山王佛，法末後千歲之中，其二人(無量意、無量力)以本因緣故，復得出家。

㉒學問廣博，其智如海，亦善觀察選擇是「五陰性」，入法如實通了，於其世中教化「二萬人」及「二十億天」於「阿耨多羅三藐三菩提」。

㉓持世！是二菩薩(無量意、無量力)從是已後，世世同心共值十億「那由他」佛，然後乃得「無生法忍」。得「法忍」已，復值一億「那由他」佛，然後得「阿耨多羅三藐三菩提」，二人共劫，次第作佛，一名無量音，二名無量光。

㉔持世！是故菩薩摩訶薩，若欲疾得「阿耨多羅三藐三菩提」，當於是「清淨無染法」中，勤行修集此「(五)陰、(十二)入、(十八)性」，及餘「有為法」中，說實知見(演說「真實知見」)相。

二－24 於「眼性」中，「眼性」不可得。「眼性」虛妄無所有，

皆從「憶想分別」生起。「眼性」無有「決定相」，「虛空性」即是「眼性」

西晉・竺法護 譯《持人菩薩經》	後秦・鳩摩羅什 譯《持世經》
《十八種品・第五》	《十八性品・第三》
❶佛告持人：何謂菩薩曉了諸(十八)種，若能分別「十八諸種」，而順思惟，識別于觀「眼種」本末，則無「眼界」，悉空，無「我、我所」，入不久存，眼種「虛無」，則曰「自然」。	❶菩薩摩訶薩方便正觀「十八性」，作是念：「眼性」(於)「眼性」中不可得，是「眼性」(乃)「無我、無我所」，無常、無堅，「自性空」故。
❷用眼自然，故曰「不真」，因「迷惑」思想而合成，眼無所成，不得「識」行，為「虛空」形。猶如「虛空」，悉無所成，悉無所有，亦無處所。	❷(於)「眼性」中，「眼性」不可得故，「眼性」虛妄無所有，(皆)從「憶想分別」(生)起。「眼性」無有「決定相」，「虛空性」是「眼性」。
❸眼無「內、外」，亦無「中間」，欺詐之業(眼性是虛妄欺詐之業)，無有真實，不可護持。	❸譬如虛空，無決定相，無「根本」故，「眼性」亦如是，無「決定相」，亦無「根本」故，何以故？眼性中「實事」，不可得故。
❹(眼)從「因緣」生，無去來今，則為「自然」，本淨無形。(眼乃為)罪福所成，從「顛倒」興，為「現在緣」之所見轉(生起)，故曰眼(為)「空界」不可見。	❹「眼性」無處無方，不在「內」、不在「外」、不在「中間」，眼性無決定相。以無事故，「眼性」事不可得，(乃由)「眾因緣」生(起)故。

㊄計於眼者，則無有界，識遊其中，因曰「眼界」。	㊄「眼性」不「過去」、不「未來」、不「現在」，「眼性、眼相」(俱)不可得。「眼性」但以「先(世)業(力)果報，屬「現在緣」故，數々(稱道)名「眼性」。「眼性」者，即是「無性」，「眼性」中(之)「眼性」不可得，「識」行處故，數々(稱道)名「眼性」。

二－25 「眼根、色塵、眼識」三事眾緣和合，假名為「眼性」。菩薩應通達「無性」即是「色性」

西晉・竺法護 譯《持人菩薩經》	後秦・鳩摩羅什 譯《持世經》
㊀「眼根」清淨，其色晃燿，合于「意根」，「因緣」所縛，三事合會。眼色識集「眼界空」，其「眼界」不成界、無界，其明智者，乃覺知。	㊀若「眼根」清淨，「色(塵)」在可見處，「意根」相應，以「三事因緣」合，說名為「眼性」。「眼性」中「無決定」(之)眼性相，智者通達「無眼性」(即)是「眼性性」。
㊁是故菩薩分別「眼界」，解了真諦，以了「色」本，則無所有。	㊁持世！菩薩摩訶薩，若能如是觀察選擇「眼性」，即通達「無性」是「色性」。
㊂何謂以了「色」無有「界」，不與「色」會(→不即也)，亦「不離」矣(→不離也)！無所生長。	㊂何以故？(於)「色性」中「色性」不可得，是色性(乃)「不合(→不即)、不散(→不離)」，色無「決定相」，故說

西晉·竺法護 譯《持人菩薩經》	後秦·鳩摩羅什 譯《持世經》
	名「色性」。
㊦雖說「色界」，則無所有，色無「處所」。何以故云「色」無有「界」？色無有「色」，無「內」、無「外」，亦無「中間」，立存虛無。因其思想，眼覩「色光」，「眼種」清淨，以見好色，假號曰「色」，無得「有」處。	㊦色無根本，無分別，何況「色性」？「色性」則是亦無「根本」，「色性」不在「色內」、不在「色外」、不在「中間」；但以「憶想分別」，色在「可見」處，「眼根」清淨，以「意識」相應，見「現在色」故，數ㄕㄨˋ(稱道)名「色性」。
㊤猶如明鏡，見其(鏡)面(之)像，(本)無垢清淨，反(而)想(認為鏡中)有「色」。雖(影像)現(於)鏡中(而)有(種種)「形色」，其影(像)乃從「內」(現)出，不從「外」入；(因鏡子)用「外形」照、(方由)內鏡現(出)。	㊤譬如鏡中面像，若鏡「明淨」，則生(出種種)色相，鏡中(之)色(乃)無「決定相」。鏡中(本)無人，而見(現出)色像，但以(從)外(而)有，(於)鏡內(才生)起「色相」。
㊥眼亦如是，以用清淨，雖由于「色」，為之見鏡，覩夫面像。	㊥如是「眼性」(為)清淨所緣之色，在「可見處」，如鏡中像，數ㄕㄨˋ(稱道)名「色性」。

二－26 於「眼識」中，無「眼識、眼識性、常性、根本、決定法、所示」。「眼識」但以先世業力及現在「因緣」生起，故假名為「眼識性」

西晉·竺法護 譯《持人菩薩經》	後秦·鳩摩羅什 譯《持世經》

（壹）以見色「空」，色之「自然」，無有「境界」，而「不可取」，悉無所成。其「色想」者，本無所生。

（貳）眾生不解，適見「色」已，其以解「色」，界無所生，則無有界，以解色界，了色本末。無「去、來、今」。「虛無」自然，歎詠光斯，（眾）緣合（和）所謂也。
色界如是，以「眼識」故。

（參）真諦觀者，知之「無界」，云何觀之無「眼識種」？其「眼色」者，則無「處所」，「本淨」所致，眼色叵（不可）得，悉無所有。

（肆）「眼識」無法，「假號」現耳，「眼識」不合，無「真實形」。「眼識」之界，因「顛倒」雜，從「宿世」（形）成，（與）「現在」因緣之所見縛，與（眾）因緣會，（故）號曰「眼識」用。

（伍）眾生在「顛倒」，若至聖見，分

（壹）色「無性相、無形性、無決定性」，是名「色性」。諸色相「無我」故，數ㄟ（稱道）名「色性」，隨「眾生」所知故，說名「色性」。

（貳）若菩薩知是「色性」，即知：
❶「無性」是「色性」。
❷「無生性」是「色性」。
❸「無作性」是「色性」。
何以故？是「色性」：
❶不「過去」、不「未來」、不「現在」。
❷示「無所有性」。
❸示「虛妄性」。
❹示「假名性」。
名為「色性」。

（參）如是觀察，選擇「色性」，是菩薩正觀察選擇「眼識性」。所謂「眼識」中，無「眼識」、無「眼識性」、無有「常性」。

（肆）「眼識性」無有「根本」，無「決定法」。眼識性「無所示」，是眼識性「非合（→不即）、非散（→不離）」，無有根本，但以「先（世）」業「因緣」（生）起，屬「現在緣」繫（縛）「色緣」故，數ㄟ（稱道）名「眼識性」。

（伍）隨凡夫「顛倒心」故，數ㄟ（稱

別了之。	_{道)}名「眼識性」。

二－27 賢聖通達「眼識性」即是「無性、無決定性」。但從「眾因緣」生，屬「諸因緣」，故假名為「眼識性」

西晉·竺法護 譯 《持人菩薩經》	後秦·鳩摩羅什 譯 《持世經》
{壹)}「眼識」無界，所以者何？眼無所成，「十二因緣」(生)起對「_(和)合」生，託於所作，「假號」_(之為)「眼識」。	_{壹)}賢聖通達「眼識性」即是「非性」，何以故？「眼識性」無「決定」故，從「眾因緣」生，屬「諸因緣」故，數^ㄨ _(稱道)名「眼識性」。
{貳)}慕樂「識」行，起所「習」行，合成于「識」，(眼識)雖有所覩，皆虛不真。_(眼識雖)託「有形相」，_(乃)「因緣」現耳。	_{貳)}「識」所行處，是「眼識性」。 ❶是「識」無「決定」故。 ❷說「無決定」相。 ❸「無生」故。 ❹示「虛妄」故。 ❺能「分別色相」故。 ❻能「示緣」故。 說是「眼識性」。
{參)}宣說「眼識」，使眾生了，如來班宣(頒布宣諭)分別眾形，諸想合成，故曰「識」，無所成眼。	_{參)}隨眾生所知，如來方便分別，破壞「和合一相」故，說是「十八性」，示「識」無「決定相」。
_{肆)}以清淨「識」之本相，因行所趣，故曰「所見」。	_{肆)}但眼清淨，能知「色相」，二法和合故，說「眼識性」。

㈤雖習「眼識」，故曰「無界」。	㈤示眼識「實相」故，說「眼識性」。「眼識性」者，示眼所行處，能識「色」是「眼識性」，即是說「無性」。
㈥所以者何？眼不求斯，我得「眼識」，及與不得了之。	㈥何以故？智者「眼識性」中，求「眼識性」相不可得。
㈦色識無獲，令自然，所以者何？無所成故也，(乃)假託有言，而現斯義，為「眾生」故，救攝「危厄」。	㈦「眼識性」中，亦不得「眼識性」根本，所以者何？無「決定性」是「眼識性」。「眼識性」者，以「假名」說，所說「性」者，即是說「不取」義。

二－28 此中並無真實之「眼性、色性、眼識性」。若有人通達如來所說「諸性方便」者，則知此「三性」皆「無性」也

西晉・竺法護 譯《持人菩薩經》	後秦・鳩摩羅什 譯《持世經》
㊀眼本所行，意念是地，識相自然。	㊀能有所「見處」是「眼識」，「意業」(生)起，是「眼識相」，故名為「眼識」。
㊁「眼界、色界、識界」，三事合成，諸界集會，「因緣」業相，宣諸法會。	㊁「眼性、色性、眼識性」，以是性門，說「三事和合」，以知「諸緣」相故，即是「離諸性」義。

㊤故有託「眼色識」，如是計惟，是以便入「眾生」，達彼「無眼」。	㊤所謂是「眼性」、是「色性」、是「眼識性」。有如是數，得令眾生入於「實道」。
㊤無有「色界」，亦無「識界」，如是所教，斷除「諸著」。若能有了如來所達，覺眾方便，則能曉解一切三界，則「無有界」。	㊤此中實無「眼性、色性、眼識性」，諸如來說是知見「諸性相方便」，分別說是「諸性」。若人通達是「諸性方便」者，則知「三性」(皆)「無性」。
㊄所以者何？ 計於諸界，實無有界，「色」不可得。	㊄何以故？ 諸性中無「性相」故，諸性中相，不可得故。
㊅ ❶耳(性)、聲(性)、(耳)識界，亦復如是。 ❷鼻(性)、香(性)、(鼻)識(界)。 ❸舌(性)、味(性)、(舌)識(界)。 ❹身(性)、觸(性)、(身)識(界)。 ❺意(性)、法(性)、(意)識(界)」。 計挍思惟，觀無所成。	㊅ ❶耳性、聲性、耳識性。 ❷鼻性、香性、鼻識性。 ❸舌性、味性、舌識性。 ❹身性、觸性、身識性。 皆亦如是。

二－29 「意性」中「無意性、無決定性」，根本無所有。「意性」不在意「內、外、中間」，但以「先世業力」種種因緣而生起

西晉・竺法護 譯 《持人菩薩經》	後秦・鳩摩羅什 譯 《持世經》
⑤意界「虛無」，不有「真實」，悉無所有，又是種者，則無所成。	⑤持世！何謂菩薩摩訶薩，觀（察選）擇「意性」？菩薩作是念：「意性」無決定，根本無所有故，「意性」中「無意性」、無「決定性」，是「意性」。
㊉猶如有人，下種在地，稍稍生「牙」，「水」為因緣，日光照之。其種所「牙」，無所造行。 其種不與「牙」共合成。 因「種」生「牙」，「種」不離「牙」（→不離也），「牙」不離「種」。	㊉譬如諸「種子」，種於大地，因於水潤，得日得風，漸漸芽出。 ❶「芽」不從「種子」出，「種子」亦不與「芽」和合。（→不即也） ❷「芽」生則「種子」壞，「種子」不離「芽」（→不離也）。 ❸「芽」不離「種子」（→不離也），「芽」中無「種子」。
㊂「意界」如是，從其「意業」，顯現「種」矣，故有「意界」。「意」不離「念」，「念」不離「意」，「意界」雖別，（由）「因緣」合成。	㊂「意性」亦如是，能起「意業」故，示「意識」故。如「種」示「芽」，得名「意性」，離「意性」則「無意」，「意性」不能知「意」，假名字故，說為「意性」。
㊃其「意界」者，無「內」、無「外」、意無「中間」，皆由「宿命」本行所立。	㊃是「意性」不在意「內」、不在意「外」、不在「中間」，但以「先（世）」業（力）因緣故（生）起。
㊄悉由「意業」，因界合會，現在「因緣」之所合生，故假（名）曰「意」。	㊄識是「意業」故，知所緣故，諸性名字「合」故，「現在緣」起故，

	數𝓍 (稱道)名「意性」。
㈥從己所部，罪福所生，「十二緣起」，顯有所宣，故曰「意界」，方便說之，欲令眾生解其本末。	㈥(意性)即是不決定「意業」相，即是「眾緣和合」相，亦說「意性」從「和合起」，隨眾生所知。
㈦究竟求之，實無本末，不可得之，所以者何？心自「放逸」，無處所故。	㈦於「第一義」中，無有「意性」，何以故？根本無所有故。
㈧所有至「識」，柔軟言辭，其「意界」者，悉無真諦，無有「過去、當來、現在」。	㈧「無生」是「意性」，「生」無所有故。「意性」即是「世俗語」，「第一義」中，決定無「意性」，「過去、未來、現在」(皆)不可得。

二－30「法性」亦從「眾緣」而生起，故即「無自性」。於諸因緣法中，無有真實之「自性」，皆從「眾緣和合」之顛倒而相續生起

西晉・竺法護 譯 《持人菩薩經》	後秦・鳩摩羅什 譯 《持世經》
㈠明者曉了「意界」無界，法界無有，何謂觀察法界「自然」？悉無所有，而不可得。	㈠智者通達「無性」是「意性」，諸菩薩觀(察選)擇「法性」，「無性」是「法性」，法性「無自性」，「自性」不可得。
㈡「法界」無成，不得形像，唯	㈡無「決定性」是「法性」，「法性」

西晉・竺法護 譯《持人菩薩經》	後秦・鳩摩羅什 譯《持世經》
「顛倒」立，無有「人、壽」，從「虛偽」生，興受識矣，故曰「法界」。	根本不可得故，「決定」事亦不可得故。但為起「顛倒」眾生，虛妄結縛，有所知故，(假)說言(有)「法性」。
(參)何謂曉了「法界」之無「顯現其界」，所以者何？其「法界」者，則無所有。	(參)欲令眾生入「無性」故，故說是「法性」，何以故？「法性」中無「法性相」。
(肆)(法界乃)從「因緣」生，以「因緣」生，故曰「無界」，所以其界「因緣合成」，轉成「顛倒」。	(肆)是「法性」，從「眾緣」生，「眾緣」生法，即「無自性」，諸因緣中，無有「自性」，諸因緣皆從「眾緣和合」，顛倒故，相續而生。
(伍)如來至真，解「眾生界」，故曰「法界」，託集「假號」。法界無「內」、亦無有「外」、亦無「中間」，然住(和)合結，除*(給予)「善、不善」法。	(伍)如來於此，欲教化眾生，說是「法性」，以「世俗」語言示「無性法」，是「法性」不在「內」、不在「外」、不在「中間」，但令眾生知見「善、不善」法。
(陸)斷一切諸義，宣布道教，故曰「奉行」。	(陸)以「法性」說「離一切法相」，知見畢竟「空相」故。

二－31 「法性」即是「無性」，不在「過去、未來、現在」，但屬「眾因緣」和合，故假名名「法性」

壹論無所有，「法界」虛空，無成就形，假有號耳。

貳法亦如是，無所成像，以斷「法想」，取現要說。

參悉無境界，故先歎之，無「去、來、今」，為現在緣，而見繫縛，從「緣」合成，眾生不解。

肆明者曉了而證明，「法界」無界，不多、不少，則以「方便」因言「法界」。

伍其了「法界」，皆除一切三界所生，以斷諸法，無說「法界」，「因緣」言相，用處諸法，故曰「究竟」。

陸明者宣曰「無所生相」，所以者

壹說「畢竟空」即是「法性」，何以故？
「無所有」是「法性」，「法性」中無「決定有相」。

貳譬如「虛空」，無「決定相」，而數&（稱道）名「虛空」。「法性」亦如是，無「決定相」，破「法相」故，說名「法性」。

參「法性」即是「無性」，何以故？是「法性」不在「過去」、不在「未來」、不在「現在」，但屬 眾緣 與 緣合 故，數&（稱道）名「法性」，說名「法性」，如眾生所知故。

肆智者證知「無性」是「法性」，「法性」非合（→不即也）、非散（→不離也），「法性」中無「法性相」，無多、無少，以示性「方便」故，說「法性」（假）名為「性」。

伍若行者實通達是「法性相」，即知見「無性」，是三界法性中，無分別相，眾因緣 和合故，分別諸法，故說是「法性」，示無「決定性」是「法性」。

陸智者非以「法性」相，故見「法

何？「法界」之相，悉無所成。	性」，「法性」是「無生相」，何以故？「法性」中無有相。智者通達「無相」是「法性」，「法性」中無「分別相」，無相、無分別故，說名「法性」。
㊗法界「無處」，無「處、非處」，無「合住處」，亦無「不住」，察了「法界」，永無所住。	㊗「法性」中無有「住處」，無處、無起、無住、無依止，是「法性」從本已來「不生」故。
㊘法界「無生、無能者、無合會處、無合、無散」，法無所造，亦不成就。	㊘是「法性」無有生者，何以故？「法性」中「無性」故，又「法性」不以「合」故有，「無合、無散、無作、無決定」，名為「法性」。
㊙以能如是觀「法界」者，則察「意識」而無有「識」。	㊙菩薩摩訶薩觀(察選)擇「法性」如是，所謂「無性」是「法性」。

二－32「意識性」無根本，無有「定法」，「不生、不決定、無性相、非內外中間」

西晉‧竺法護 譯《持人菩薩經》	後秦‧鳩摩羅什 譯《持世經》
㊀當作何觀？「無生界」則曰「識界」(指「意識性」)，所以者何？計其「意識」無所有故。	㊀持世！何謂菩薩摩訶薩觀(察選)擇「意識性」？菩薩摩訶薩作是念： ❶「不生」性是「意識性」。 ❷「不決定」性是「意識性」。

❸「意識性」無根本，無有「定法」。
❹以「意識性」，示「無性相」。
何以故？(於)「意識性」中，「意識性」不可得。

⑵(意識性)虛偽不實，合于「顛倒」，從「意念」有，故曰「意識」，由因「愚冥凡夫」所行。

⑵是「意識性」，虛妄無所有，顛倒相應，以「意」為首。(「意識」能)識諸法故，名為「意識」，(「意識」能)隨凡夫所行，故說「意識性」。

⑶唯賢聖達，見知之耳，以二事宣「意識」所緣，用眾生類，不能解了。

⑶賢聖觀知：
❶「非性」是「意識性」。
❷「虛妄無所有」是「意識性」。
但示「因緣法」故，以「意」為首故，識「諸緣(和)合」故，說為「意識性」，(此乃)隨眾生所知，故(作)如是說。

⑷明者所別，從「虛無、不真正」想所生(而)有「意識」，其「意識界」，無有殊特。

⑷智者知「非性」是「意識性」，(意識性乃)從「眾因緣」生(起)，(從)「憶想、分別」(生)起，無有「性相」，即是「第一義」中，無「性相義」。

⑸班宣(頒布宣諭)究竟，「假託」有(「意識性」之)言，借于眾生，不解「意識」本末「無界」，(乃)「因緣」所集，輪轉無際。

⑸(於)世俗法中，為引導眾生故，(方便假)說是「意識性」。(此乃)欲令眾生(了)知「無性」是「意識性」，但以「小法」(即可破)壞(意識性)，(意識性乃)離諸性故，(故假)說是「意識性」。

⑹諸賢聖等，不求「識界」，無

⑹何以故？聖人求之(指「意識性」)

「內」、無「外」、無有「中間」。	不可得，「意識性」不在意識性「內」，不在意識性「外」，不在「中間」。

二－33 聖人通達「不生相」是「意識性」，無來、無去、無緣。於「第一義」中，「意識性」乃不可「得」，不可「示」

西晉‧竺法護 譯《持人菩薩經》	後秦‧鳩摩羅什 譯《持世經》
⑤明者曉了其「意識」者，不覩「意識」，皆從「緣起」，從「顛倒」興。	⑤智者通達「不合性」是「意識」，「意識」不知「意性」，「意性」不知「意識」，但(由)「眾因緣」生(起)，從「顛倒」(而)起。
⑥以二因緣，而有「眾生」，「不真」思想，受於「虛偽」，從「心行」生，隨「俗相」有「意識」耳，眾生本心，從是「緣現」。	⑥以「意」為首，知於諸緣「二事和合」故，著虛妄故，從「覺觀」起，示眾生「識相」故，說名「意識性」。
⑦「意識」(乃)無「去、當來、現在」，「意識」計本，亦無所著，「意識」所在，無去、無來，無所存立。	⑦是「意識」不在「過去」，不在「未來」，不在「現在」。是「意識」無所從來，亦無所去，無有住處，從本已來「不生相」。
⑧「意」無所住，所以者何？「意識」本淨，則無有二，無相、無二，所在立處，而不可見。	⑧「意識」中無根本「定法」，何以故？是「意識性相」，即是「無二相」，即是「無相」，是相不以「二相」故有，

	無所示性，是「意識性」。
㊄明者曉了「意識」如是，其「意識」者，無有「法說」，無「合、會」，亦無「離別」，無「所生」想，無「言教」相。	㊄智者通達「意識性」，是「意識性」不在一切法中，無處、無方，不與法「若合、若散」。
㊅獨賢聖(明)了何謂「識界」從所來者？無所從來，無有(真實可得之)「因緣」。所以者何？其「意識界」(乃)從「因緣」生，察其本末，無有見者。	㊅聖人通達「不生相」是「意識性」，是「意識性」，無來、無去、無(真實可得之)緣，何以故？(於)「第一義」中，「意識性」(乃)無(真實可得之)緣，不可「得」，不可「示」故。
㊆明者曉了，「意」成如是，本無有作，象生自造，悉無所生，象生所出，「相」無所生。	㊆智者通達「意識性」，是(即)不作是「意識性」(想)，「作者」不可得故，「無生」是「意識性」，「生相」無所有故。
㊇佛言：持人！若有菩薩當作是觀，曉了「意識」，則無識(執)著。	㊇持世！菩薩摩訶薩如是觀(察選)擇「意識性」。

二－34 智者不得「欲界、色界、無色界」，是三界皆無，根本無有「定法」，從「眾緣」生起，「智者」知見「無界」是「三界」

西晉・竺法護 譯《持人菩薩經》	後秦・鳩摩羅什 譯《持世經》

《曉三界品‧第六》

㊀佛告持人：菩薩大士，以曉「意識」，則不著「欲界、色界」及「無色界」。

㊁當作是觀，雖存三界，不見「欲、色、無色」之界，既有是「界」，悉暢無界，班宣(頒布宣諭)光顯。

㊂衆生本末，
❶在於「欲界」而自示現。
❷在「色、無色」而自示現。
❸在是諸界，現無有界。

㊃粗示要說，曉了諸法自然無界，三界之事，無形無處，(皆)從「因緣」生，流於三界，「輪轉」無際，智者分別三界所有「境界」，悉「無所有」。

㊄從「虛無」合「顛倒」而有，是能覺了，則解「虛偽」。

㊀諸菩薩作是觀時，觀(察選)擇「欲界、色界、無色界」，皆是「無生性、無所有性」。

㊁云何為觀？所謂：
❶「欲界」中無「欲界」。
❷「色界」中無「色界」。
❸「無色界」中無「無色界」。
❹以界示「無界法」。

㊂
❶為取「欲界」相者、示是「欲界」。
❷為取「色界」相者、示是「色界」。
❸為取「無色界」相者、示是「無色界」。
❹以「界」寄說「無界」。

㊃如智者所知，無所有界是「欲界、色界、無色界」，智者不得「欲界、色界、無色界」，是三界皆無，根本無有「定法」，從「衆緣」(生)起是故，「智者」知見「無界」是「三界」。

㊄此中無有「界相」，是三界皆「虛妄」合「顛倒」行，何以故？智者不得「三界」，不說「三界」，若過去、若未來、若現在。

㊅自然永無,便捨生死,眾生以除「顛倒」之業,便棄「三界」。	㊅賢聖通達是三界「虛妄」、無所有、無自性、離諸法,但是「顛倒」(生)起,為斷眾生「顛倒」故,知見「三界」故。
㊖如來至真,頒宣(頒布宣諭)三界,眾生所在,悉無有界,無「智習」之迷惑,作是本淨,自然而「無有界」,不猗三界。明者解之,此無有界。	㊖如來分別說「三界相」,欲令眾生知「無界義」故,說「三界」非以「性相」有,智者知見「三界相」是「無界相」。

二 – **35** 菩薩應觀「眾生性、我性、虛空性」,無別、無異。如是諸性,皆從「虛空」出,亦從「眾緣生」,故假名為「性」。此中無決定之「性相」

西晉・竺法護 譯 《持人菩薩經》	後秦・鳩摩羅什 譯 《持世經》
㊀觀是「三界」眾生「無界」,己身虛空,無有若干。	㊀持世!菩薩摩訶薩如是觀時,觀「眾生性、我性」,即是「虛空性、無所有性、無生性」。
㊁一切諸法從「因緣」生,從「顛倒」合,「假有」(名)號耳。	㊁何以故?「眾生性、我性、虛空性」,無別、無異。如是諸性,皆(從)「虛空」出,但從「眾緣生」,故名之為「性」,此中決定「無性相」。
㊂則無所成,空而無作,自然清	㊂何以故?「虛空」中無「一定」

淨，等御「虛空」，於一切界，悉無所有。

㊃猶如虛空，悉無所有，所以者何？究竟永寂，虛空本淨，而不可獲。一切諸界，亦如是矣，無「內」、無「外」、無有「中間」。

㊄「界」無有「界」，悉「無所著」，皆「無所生」。

㊅諸明智者，不有所生，亦無所得，無「住」、無「不住」，不等、不邪，本淨無獲。

㊆智者明了，不獲假託，無念不能，由是智者，不以「諸界」為境界也。「相」無所生，隨俗「名」耳，無所分別，以「無生」想，若滅是已，無一切「界」，假有「言」耳。

㊇究暢本末，悉不可知，以不可

性相，是諸「性相」皆入「虛空」，是無所有義。

㊃譬如「虛空」無性，是法「畢竟離相」，無所有相。一切諸性，亦如是「離性相」，諸性中無「性相」，性相不在「內」、不在「外」、不在「中間」。

㊄
❶性中「無有性」。
❷性中「不攝性」。
❸性「不依止性」。
❹一切性「無所依止」。
❺一切性「不生」。

㊅智者於諸性中，不得「生性」、不得「滅性」、不得「住性」。一切諸性，「不生、不起、不住」，從本已來不可得。

㊆智者「不貪、不著」，諸性「假名」，不受、不念。是故智者，通達知見一切諸性，皆是「無生相」，若是「無生相」，即「無有滅」。

㊇(於)「第一義」中，「一切諸性」

知，一切亦然，明者所觀。	不可得，「世俗法」故，分別說諸性，(於)「第一義」中不說諸性，智者知見通達「一切諸性」如「第一義」。

二－36 菩薩雖以「世俗言說」引導眾生，而仍示眾生「第一義」諦。雖善知分別「諸性」，而仍信解通達「一切諸性」皆「無所有」

西晉・竺法護 譯 《持人菩薩經》	後秦・鳩摩羅什 譯 《持世經》
⑤佛言：持人！若有菩薩暢了如是，解「十八種」及與「三界」，「眾生之界」及「己身界」。	⑤持世！菩薩摩訶薩如是觀(察選)擇通達「十八性」，及三界「眾生性、我性、虛空性」。
⑥上虛空界，達之平等，以觀如是，則應「平等」，不見境界。以無所見，解一切界，「假託」言矣。	⑥諸菩薩如是觀(察選)擇通達時，不得性、不見性，亦通達一切諸性「假名字」，亦信解諸入「一切性」是「無性」，亦知分別「諸性」，以「世俗」故，分別說諸性，令「一切諸性」入「第一義」中。
⑦一切諸界，悉無有界，好喜入道。曉了諸界，解脫眾生，其相「無二」。	⑦亦善通達「無性方便」，亦為眾生分別說諸性，亦令眾生善住「諸性」，以「世俗語言」為眾生說「無性法」。
⑧以見「無二」，並見諸界，以「權	⑧亦不以「二相」示諸性，雖知

方便」，頒宣_(頒布宣諭)示衆。	一切諸性「無二」，亦以方便說「諸性」從「因緣」起。
㈤「十二因起」，「假託」有言，開化衆生，入「究竟義」，以暢見慧，一切諸界，故曰「無形」。	㈤雖以「世俗言說」引導衆生，而示衆生「第一義」。雖善知分別「諸性」，而信解通達「一切諸性」(皆)「無所有」。
㈥所以者何？持人！如來「至真」，不得一切「諸法處所」，亦非「無得」。	㈥何以故？持世！如來以「第一義」故，於性「無所得」，亦不得「諸性相」。

二－37 「第一義」中無「諸性」，一切諸性皆「無所有、無決定、同虛空、入無生相」

西晉‧竺法護 譯《持人菩薩經》	後秦‧鳩摩羅什 譯《持世經》
㈠無所亡失，平等思惟，逮得無上「正真」之道。	㈠持世！我於諸性「無所斷、無所壞」，得「阿耨多羅三藐三菩提」。
㈡ 所以者何？ ❶一切諸法，永無所有。 ❷本悉自然，無成就者。 ❸諸界皆「空」，觀實「空無」。 ❹以等如「空」。 ❺無所「生相」。	㈡ 何以故？ ❶「第一義」中無「諸性」。 ❷一切諸性「無所有、無決定」。 ❸一切性同「虛空」。 ❹一切性入「虛空」。 ❺一切性「無生相」。

如來如是解「一切界」。	如來通達「一切性」如是。
㈢如來不云諸界「自然」，無界、無形。所以者何？其「無所有」，不可強有，以「無所有」，則知「自然」。	㈢持世！如來不說「諸性相」，亦不說諸法「力勢」，何以故？若法無所有，不應更說「無所有性相」。
㈣持人！當知如來所說。	㈣持世！如來亦說「無所有性相」，此中「實無所說性相」。
㈤若有曉諸法所來，其菩薩大士，便能分別一切眾生「境界」本末，以解本末，分別麁細，頒宣(頒布宣諭)諸界「合、散」之義，諸界所「入」，曉無自然一切「諸界、虛空界」。	㈤持世！是名「善分別諸性」，菩薩摩訶薩得是善分別： ❶能知一切諸性「假名」。 ❷能知「世俗相」。 ❸能知「第一義相」。 ❹能知「諸性決定」。 ❺能知「世諦」。 ❻能「分別諸相」。 ❼能知「隨宜」。 ❽能知「諸相合」。 ❾能知「諸相旨趣」。 ❿能知「諸相所入」。 ⓫能「分別諸相」。 ⓬能知「諸相無性」。 ⓭能令一切諸性，同「虛空性」。
㈥還自燒然，無界、無入，假託「有辭」，永不可得，眾生無知，故有是耳。	㈥亦於諸性，不作「差別」。於諸性中，不得差別。不說差別，亦為眾生善說「破壞諸性」。

二－38 諸法皆「空、如幻、無實、無有根本」。諸法皆誑妄「凡夫」，諸法皆繫於種種的「虛妄因緣」中

西晉・竺法護 譯 《持人菩薩經》	後秦・鳩摩羅什 譯 《持世經》
⑤猶如幻師，工學其術，為諸眾生，現若干變，以現諸化，不可計形。若干種人，不能知者，聞信所化，謂之「實有」，其曉知者，知幻自然。	⑤持世！譬如「工幻師」，能示眾生種種「幻事」，令知種種幻相。若有「知識、親友」，「語言」是幻，說幻實事，是幻虛妄，示顛倒眾生，若有智者，則知是幻。
⑥佛言：如是！若能曉了「幻化」虛無，眾生欺惑。若有明智，自解己身，猶如「幻化」，了(解)之「假託」，是世若斯，自然知幻。	⑥持世！「世間」性如「幻」，諸菩薩摩訶薩入此「幻法」中，知世間是「幻性」，世間所行「如幻」，是人以方便力，示眾生「世間如幻」。
⑦若有菩薩，曉了入是，暢幻自然，以解「自然」。世之所居，亦復如幻，以「權方便」為眾生類，現說一切「悉如幻化」。若有聞見，解了幻法，皆無所有，乃至「正真」。其愚冥者，不能(通)達之，故為頒宣(頒布宣諭)，暢一切法。	⑦若有知此世間「如實」相，為說世間「虛妄如幻」。若有深智利根，不開示之，自能得知：知諸法「空、如幻、無實、無有根本」，知一切法皆誑「凡夫」，一切法皆繫(於)「虛妄緣」中。
⑧若了諸法，一切「如幻」，欲入是義，便當學者，深要之法，不求得色；以不得色，便不斷除。說其	⑧持世！是故諸菩薩摩訶薩，若欲入如是諸性方便，於如是等深經「無染、無得」，說一切諸性「知

不斷除一切界，皆為「假託」，演諸合散，分別諸界，宣權方便，所造因緣，根元本末，剖判真諦。

　㈤「現世⁽世間⁾、度世⁽出世間⁾、有為、無為、有順、無順、諸應、不應」，「宣權」方便、「究竟」盡言，「有義、無義」。

　㈥所暢「因緣」，而說分別，處所「無處」，皆當⁽通⁾達是「一切如幻」。

見」相，說一切諸性「無文字、無和合」，亦說諸性「方便智慧」，亦說「因緣」所作旨趣，亦說一切諸法「如實相」。

　㈤所謂「世間、出世間、有為、無為、繫、不繫」，善知方便旨趣，說「第一義、世俗義、了義經、未了義經」。

　㈥種種因緣解說，於是甚深經中，應勤精進。

《持世經》兩種譯本對照
第三卷

三－1 「眼入」但從「眾因緣」生起，以「色」作緣，故假名為「眼入」

西晉・竺法護 譯 《持人菩薩經》	後秦・鳩摩羅什 譯 《持世經》
《諸入品・第七》	《十二入品・第四》
㊀佛告持人：何謂菩薩曉了諸(十二)入？	㊀佛告持世：何謂菩薩摩訶薩善知「十二入」？
㊁於斯菩薩，觀「十二入」，解其本末，云何觀之？所可觀者，得不見「眼」之所「入處」。	㊁菩薩摩訶薩，正觀(察選)擇「十二入」時，作是念：眼中「眼入」不可得，眼中「眼入」無決定。
㊂眼無成就，悉無所「有」，所以者何？「眼」所「入」者，皆從「緣」(而相)對，從「顛倒」興(起)，(為)「色」之所縛，「緣起」所合。	㊂又「眼入」根本不可得，何以故？「眼入」(乃)從「眾緣」生，(從)顛倒(生)起，以緣「色」故，繫在於「色」，二法(眼根與色塵)合故有。
㊃有二事因，一曰「眼入」，二曰「從對」，坐「色」故曰「眼入」。	㊃因「色」有「眼入」，因「色」說「眼入」，二法(眼根與色塵)相依，故說名「眼色」。

㊄如是「眼、色」有二猗著，「眼、色」所入，「色」是「眼品」。	㊄所謂「眼、色」，「色」是「眼入」(之)門與(所)「緣」故。「眼」是「色入」(之)門與(能)「見」故，是故說「入」。
㊅自見色已，以「幻」為門，故曰「諸入」，則盈生受。	㊅以「色」(為)緣故，說「眼入」。以「眼」(能)見故，說「色入」，但以「世諦」故說。
㊆ ❶「眼」不著「色」、「色」不著「眼」。 ❷「色」不著「色」、「目」不著「目」。 (但)皆從「(眾)緣(生)起」。	㊆其實： ❶「眼」不依「色」(非「他生」)，「色」(亦)不依「眼」。 ❷「眼」不依「眼」(非「自生」)，「色」(亦)不依「色」。 (眼入)但從「眾緣」起，(以)「色」作緣故，說名「眼入」。

三－2 於「第一義中」，「眼入、色入」皆不可得，非「內、外、中間、過去、未來、現在」，皆從「眾因緣」生起，與「顛倒」相應而行

西晉・竺法護 譯 《持人菩薩經》	後秦・鳩摩羅什 譯 《持世經》
㊀以「色」為緣，故號「色入」。	㊀(眼入)又從「眾因緣」(生)起，「眼」所知見相故，說名「色入」。
㊁自以見「緣」對，故曰「有相」，	㊁云何為說？隨世俗「顛倒」法

以「入」為業，何謂「入業」？由以「顛倒」，用以豐饒，以如究竟，不得入「眼」，諸色之無。

（參）其明智者，不求諸「入」，便見真諦，從「顛倒」合，愚冥凡夫，有「二相」（眼根與色塵）矣。「眼」以入「色」，便顯「入諦」，已解「真諦」，色入於「目」。

（肆）無「內」、無「外」、無有「中間」，其眼眾色，無「去、來、今」。

（伍）現目覩色、現目覩色，則「貪受」取，愚冥凡夫，所行不可。

故說，（於）「第一義中」（其）「眼入」（乃）不可得，「色入」（亦）不可得。

（參）智者求諸「入」，不見有（真）實（之）「入」，但以凡夫「顛倒」相應，以「二相」（眼根與色塵）說是「眼入」、是「色入」，是「眼入」、是「色入」，即示「虛妄入」。欲令眾生「如實」知「諸法實相」故，說是諸「入」，皆從「眾因緣」生（起），（與）「顛倒」相應（而）行。

（肆）此中諸「入」（之）「實相」不可得，何以故？
若「眼入」、若「色入」，（皆）不在「內」、不在「外」、不在「中間」。眼入、色入，亦非「過去」，非「未來」、非「現在」。

（伍）但（由）「現在」因緣（而）知「色」，故說「眼入」，如凡夫所行。

三 − 3 如來說「十二入」皆無決定相，屬「諸因緣」，與「顛倒」相應而行

| 西晉・竺法護 譯 | 後秦・鳩摩羅什 譯 |

《持人菩薩經》	《持世經》
㊀明智(通)達之「虛無、無真」，(由諸)思想「顛倒」，便成「諸入」。	㊀智者通達「諸入」，皆是「虛妄」無所有，從「憶想、顛倒、分別」(生)起。
㊁「諸入」自然，云何有乎？其無「入相」，皆從「緣起」，故曰「諸入」。	㊁知見(知道了解)非「入」是「入」(沒有一個「入」是有真實之「入」)，不說「諸入」性，「諸入」無「決定相」，但以「眾因緣」生故說。
㊂如來曰：「諸入」(皆)「虛無」，悉從「顛倒」(生)，(假)託於「因緣」。	㊂如來說是「諸入」知見相，所謂：是「諸入」(皆)虛妄無所有，屬「諸因緣」、(與)「顛倒」相應行。
㊃(諸入)無有「諸作」，(亦)無「使作者」。	㊃「諸入」無有「作者」，(亦)無「使作者」。
㊄ ❶「眼」不召「色」。 ❷「色」不召「眼」。 亦無所知，各各寂然。	㊄ ❶「眼入」不知；(亦)不分別「色入」。 ❷「色入」亦不知；(亦)不分別「眼入」。 二俱離相。
㊅眼色「諸入」，俱共淡泊。無有「作者」，(皆)從「因緣」(生)起，愚冥凡夫，(其)心處顛倒。	㊅若法「離相」，此中不可分別，說是「入相」皆從「因緣」生，如凡夫顛倒。

三－4 眼不知「眼性」，色亦不知「色性」。「眼、色」皆「無性、無法」，此中無一「決定相」

西晉‧竺法護 譯《持人菩薩經》	後秦‧鳩摩羅什 譯《持世經》
㊀賢聖達之，然無所「生」，無所「滅」矣，無來、無去。	㊀如賢聖所通達，是「眼入、色入」（皆）「無生、無滅、不來、不去」相。
㊁眼色諸入， ❶「眼」不斷「眼」，「目」不想「目」。 ❷「色」不捨「色」，便知自然，「色」不想「色」。 所以者何？ 各各（皆）「空」故。	㊁ ❶「眼」不知「眼」，「眼」（亦）不分別「眼」。 ❷「色」不知「色」，「色」（亦）不分別「色」。 何以故？ 二俱「空」故，二皆「離」故。
㊂各各淡泊，知自然故，「眼」不猗「眼」，「色」不知「色」，「自然」之故。	㊂眼不知「眼性」，色亦不知「色性」。「眼、色」皆「無性、無法」，此中無一「決定相」。
㊣ ❶「眼、色」自然，無成就者。 ❷眼不求「眼」，亦不「合、散」，各各「空無」。	㊣ ❶眼「不自作」，眼亦「不自知」。 ❷色亦「不自作」，色亦「不自知」。 二俱「無所有」故。
㊄ ❶「目」不習「目」，是我所「眼」。	㊄ ❶「眼」不作是念：我是「眼」。

❷「色」不習「色」,「色」是「我所」。幻自然相。	❷「色」亦不作是念:我是「色」。「眼色性」如「幻性」,以虛妄「假名」故,說是「眼」、是「色」。
㊪眼色虛無,則曰「自然」,「假託」言矣,「耳聲、鼻香、舌味、身」(皆亦復如是)。	㊪諸菩薩摩訶薩,觀(察選)擇「眼入、色入」如是,「耳聲、鼻香、舌味、身觸」亦如是。

三－5 「意」不依「法」、「法」亦不依「意」,由「眾因緣」而生。於「第一義」中,「意入」與「法入」皆不可得

西晉・竺法護 譯《持人菩薩經》	後秦・鳩摩羅什 譯《持世經》
	㊎持世!何謂菩薩摩訶薩觀(察選)擇「意入」?
㊍更「心法」而不可得,悉無所有,亦無所成。	㊍菩薩摩訶薩,觀(察選)擇「意入」,時作是念:(於)「意入」中,「意入」不可得。「意」無決定(之)「入相」,「意入」無根本。
㊏所以者何? (「意入」)從「因緣」起,處在「顛倒」,立在「二因」,從「心法」興,諸品「入」故,故曰「諸入」。	㊏何以故? 「意入」即是「眾因緣」生,從「顛倒」起,繫「法」入緣,二法和合,能有所作。
	㊐是「意入」因「法入」起,因「法

<table>
<tr><td></td><td>入」可分別說，是「二相依」。（→不離也）</td></tr>
<tr><td></td><td>⑤「意」是「法入」處，「意」是「法入」門，「法入」是「意入」門，是故說名「法入」。（→不離也）</td></tr>
<tr><td>⑥以法因緣，「假託」入門。</td><td>⑥緣「法入」門故，說是「意入」，示「意相門」故，說是「法入」，以「世諦」故說。</td></tr>
<tr><td>⑦「法」不著「心」，「心」不著「法」。「法」不著「法」，「心」不著「心」，著從「緣起」，以立「法事」。</td><td>⑦其實「意」不依「法」（→不即也）、「法」（亦）不依「意」，（由）「因緣」生（起）故，以諸法為「緣」，故說「意入」。</td></tr>
<tr><td>⑧因心見相，不得入法。</td><td>⑧「因緣」生故，示「意相」，故說「法入」，隨世諦「顛倒」故說。（於）「第一義」中，「意入」不可得，「法入」亦不可得。</td></tr>
</table>

三－6「諸入」皆從「眾因緣」生，與顛倒相應而行，非「內、外、中間、過去、未來、現在」。「意入、法入」實不可得

西晉・竺法護 譯《持人菩薩經》	後秦・鳩摩羅什 譯《持世經》
⑤明智達之，求「諸入」本觀見	⑤智者求「諸入」，不見有實，但

西晉・竺法護 譯	後秦・鳩摩羅什 譯
「真諦」，皆(與)「顛倒」合，愚冥凡夫，(則)見有二相。	凡夫顛倒相應，以「二相」說是「意入」、是「法入」。是「意入、法入」，(皆)虛妄無所有。 (貳)如來如實通達，故示是「諸入」，如是「諸入」(皆)從「因緣」生，(與)顛倒相應行。此中「意入、法入」，實不可得。
(參) ❶無「內、外」，亦無「中間」。「心」不入「法」、「法」不入「心」。 ❷無「去、來、今」。 皆從「緣生」。	(參) ❶又「意入、法入」，不在「內」、不在「外」、不在「中間」。 ❷又「意入」(乃)非「過去」、非「未來」、非「現在」。 但能覺「現在因緣」故，說「意入、法入」，(乃)隨「凡夫心」故說。
(肆)愚者不了，明智(通)達之，所以者何？悉無所有，處自然故。	(肆)智者通達是「意入、法入」，(皆)虛妄無所有，從「憶想、顛倒、分別」(生)起，非「入」是「入」(沒有一個「入」是有真實之「入」)，何以故？(於)「諸入」中，無「決定入相」。

三－7「意入、法入」，無「作者、使作者」，皆從「眾因緣」生，隨凡夫「顛倒心」故作此說

《持人菩薩經》	《持世經》
	⑴智者通達是「諸入」，虛妄無所有，「意入、法入」，⑴「自性」不可得，亦不得是「意入、法入」所起實相。是「意入、法入」，但⑴「因緣」生。 ⑵如來說是「諸入」知見相，是「諸入」虛妄無所有，「顛倒」相應行，屬「諸因緣」。「意入、法入」，無有「作者」，無「使作者」。 ⑶ ❶「意入」不知、⑴不分別「法入」。 ❷「法入」亦不知、⑴不分別「意入」。 何以故？二俱離故。 若法「離相」，此中無可分別，是「諸入」皆從「因緣」生，隨凡夫「顛倒心」故說。 ⑷如賢聖所通達，「意入、法入」，「不生、不滅」，「不來、不去」。 ⑸ ❶「意入」不知「意」，⑴不分別「意」。 ❷「法入」不知「法」，⑴不分別「法」。 二俱「空」故，二俱「離」故。

	㊄ ❶「意」不知「意性」。 ❷「法」不知「法性」。 是二性「無所有」，此中無一「決定法」。 ㊆ ❶「意」不能成「意」，不能壞「意」。 ❷「法」不能成「法」，不能壞「法」。 二俱「無所有」故。 ㊇ ❶「意入」不作是念：我是「意入」。 ❷「法入」不作是念：我是「法入」。 是二俱(皆)「空」，皆如「幻相」。但「假名字」，故分別說，菩薩摩訶薩觀(察選)擇「意入、法入」如是。
㊇ 無「意入」法，無有真相，不得成就，「假託」現耳。	

三－8 「十二入」皆「虛妄」，從「眾因緣」而生，與顛倒相應

西晉·竺法護 譯 《持人菩薩經》	後秦·鳩摩羅什 譯 《持世經》
	㊀持世！何謂菩薩摩訶薩正觀(察選)擇「內六入、外六入」？ ㊁所謂是「十二入」皆「虛妄」，

從「眾緣」生，顛倒相應，以二相故，有「內、外」用。

（參）凡夫不聞真法，不知「十二入」(之)「如實相」故。

❶貪著「眼入」，(謂)我是「眼入」，「我所」是「眼入」。

❷貪著「色入」，(謂)我是「色入」，「我所」是「色入」。

「耳聲、鼻香、舌味、身觸、意法」亦如是。

（肆）

❶(貪著)「我」是「意入」。

❷(貪著)「我所」是「意入」。

❸(貪著)「我」是「法入」。

❹(貪著)「我所」是「法入」。

（伍）以食(或作「貪」字)著故，為「十二入」所縛，馳走往來「五道生死」，不知出道。

三－9 菩薩正觀「十二入」皆虛誑、不牢堅，為「眾緣」生法，空如「幻相」

| 西晉·竺法護 譯《持人菩薩經》 | 後秦·鳩摩羅什 譯《持世經》 |

	壹菩薩摩訶薩於此中，正觀「十二入」時，見是「十二入」，虛誑、不牢堅，空如「幻相」。
	貳不貪著「眼入」，（不貪著）若「我」、若「我所」，乃至不貪著「法入」，（不貪著）若「我」、若「我所」。
	參以「不貪著」故，不憶念分別，菩薩如是善知「十二入」。
肆如是持人！菩薩以得曉了，若斯諸所「眾入」，便了一切「十二諸入」，不著、不縛，便斷「諸入」，以造立證，入諸分別。	肆持世！菩薩摩訶薩得如是諸入方便，於一切「十二入」中，「不繫、不縛」，亦證「諸入」，而能分別「諸入」。
	伍 ❶亦以「眾緣」生法，通達「十二入」。 ❷亦以「無相相」，壞「十二入」。 ❸亦不墮是「諸入」所依道中。 ❹亦知「諸入」性，則是「無性」。 ❺亦知「諸入」方便，究竟（所）到（之）邊（際）。

三－10 凡夫無知見，故為煩惱所「入」，成就「十二入」。「十二入」皆與「愛恚」共和合

西晉‧竺法護 譯 《持人菩薩經》	後秦‧鳩摩羅什 譯 《持世經》
㊀使無所起，曉了「無相」，猶如流水，在所合矣，故曰：水普無所不入。	㊀<u>持世</u>！譬如機關出水，四面俱灑。
㊁其「十二入」，亦復如是，所云「內、外」，皆從「因緣」。其水流至，多所成就，雖言「自然」，不得處所，以見縛著。	㊁「十二入」亦如是，「內、外」因緣，能有所作，此中實事不可得，是「十二入」先業（先世業力）機關（人身乃由「五蘊假和合」而成，無有實自性而虛假，猶如傀儡，故經典常以「機關木人」喻人身）所繫，故能有所作。
㊂其「諸入」者，向「塵勞門」，愚冥凡夫，不斷「塵勞」，故曰「入門」。	㊂<u>持世</u>！所謂「入」者，是諸凡夫無知見者，（為）煩惱所「入」（之）門。
㊃ 「眼」著于「色」。 「耳、鼻、口、身、心」，亦復如是，無所歸趣。	㊃ ❶「眼」是「色門」，以生「愛恚」故。 ❷「色」是「眼門」，以生「愛恚」故。 ❸「耳、鼻、舌、身、意」是「法門」，以生「愛恚」故。 ❹「法」是「意門」，以生「愛恚」故。
㊄菩薩大士，曉了自然，分別「諸入」，已分別「入」，悉除「眾結」。	㊄如是「十二入」，與「愛恚」共合，故不知「實相」。
㊅如是<u>持人</u>！菩薩大士，曉了「諸入」。	㊅<u>持世</u>！菩薩摩訶薩於此中善知「諸入性」，知是「諸入」（之）「實

	相」故，(則)不為「愛恚」所制(縛)。 ㈦持世！菩薩摩訶薩善知「諸入」如是。

三－11 於「無明」中並無真實之「法」，亦不知何謂「明」，此即「無明」義

西晉・竺法護 譯 《持人菩薩經》	後秦・鳩摩羅什 譯 《持世經》
《十二緣品・第八》	**《十二因緣品・第五》**
㊀佛告持人：何謂曉了班宣(頌布宣諭)諸入「十二緣起」觀。十二以何觀之？	㊀持世！何謂菩薩摩訶薩善觀(察選)擇「十二因緣」？菩薩摩訶薩觀(察選)擇「十二因緣」：
㊁ ❶以用諸法悉「無明」業，故名曰「癡」。 ❷不了「無」處，故曰「無明」。 ❸不解諸法有生(之)「無明」，故曰為「癡」。	㊁ ❶所謂「無有」故，說名「無明」。 ❷於「無明」中無「法」故，說名「無明」。 ❸不知「明」故，說名「無明」。
㊂以不了是何，故(曰)「無明」。	㊂云何不知「明」？不知「無明」決定法不可得，是名「無明」。
㊃	㊃何以故？

⒆「無明」⒃緣，故有「行」；若不達「法」，不行是「法」，故曰⒆「無明」⒃緣，故便有「行」。	說⒆「無明」⒃因⒂緣諸「行」，諸「行」無所有，而凡夫起作故。
㊄⒆有「行」⒃緣，故生其「識」，故曰從「行」致「識」。	㊄說⒆「無明」⒃因⒂緣諸「行」，從「行」起，故有「識」生。
㊤⒆有其「二相」，致「名色」矣，故從「識」⒃緣，而生「名色」。	㊤是故說⒆諸「行」⒃因⒂緣「識、名色」二相。
㊦從「名色」便生「六入」，故曰從「名色」⒃緣，得致「六入」。	㊦是故說⒆「識」⒃因⒂緣「名色」，從「名色」生「六入」。

三－12 以「名色」為因而緣「六入」，從「六入」再生「觸」……等等

西晉 · 竺法護 譯《持人菩薩經》	後秦 · 鳩摩羅什 譯《持世經》
㊀因有更「痛(受)」，故曰從「六入」⒃緣，便生「所更(觸)」，因有「痛痒(受)」。	㊀是故說⒆「名色」⒃因⒂緣「六入」，從「六入」生「觸」。
㊁故曰從「所更(觸)」⒃緣，致有「痛痒(受)」，則生「恩愛」。	㊁是故說⒆「六入」⒃因⒂緣「觸」，從「觸」生「受」。
㊂故曰從「痛痒(受)」⒃緣，便生「恩愛」，從「恩愛」⒃緣(便)生「所	㊂是故說⒆「觸」⒃因⒂緣「受」，從「受」生「愛」。

受」。	
㈣故曰從「恩愛」(為)緣,便生「所受」,從「所受」便生「所有」。	㈣是故說(以)「受」(為)因(而)緣「愛」,從「愛」生「取」。
㈤故曰從「所受」(為)緣,便致「所有」,從「所有」便致「生」矣。	㈤是故說(以)「愛」(為)因(而)緣「取」,從「取」生「有」。
㈥故曰從「所有」(為)緣,便致「所生」。	㈥是故說(以)「取」(為)因(而)緣「有」,從「有」生「生」。
㈦從「所生」(為)緣,便有「老病、死啼、哭愁慼、不可意法、大患苦會」,故曰從「生」(而)致若干(諸)「苦」。	㈦是故說(以)「有」(為)因(而)緣「生」,從「生」有「老死、憂悲、苦惱」聚集。
㈧以何等故,合是眾惱?以「無明」故,習諸顛倒。從「恩愛行」,忻樂貪欲。其心在在,樂慕不捨。	㈧如是「大苦惱聚」,於此中為集何法?但知「顛倒」與「明」相違(背)。「無明」聚(集)為後身(之)「愛」。依止「喜染」(而)求處處生,則是「愛集」。

三-13 「無明」本無、本性空,故其「本際」亦不可得

西晉・竺法護 譯《持人菩薩經》	後秦・鳩摩羅什 譯《持世經》
㊀是則世俗(世間)「十二品」,有「緣	㊀持世!世間如是為「十二因

「緣」所繫縛，盲無眼故，入「無明」網，墮「黑闇」中，「無明」為首故，具足起「十二因緣」。

（貳）諸菩薩如是思惟，觀「無明」(之)實相，知「無明」(本)空故，(其)「本際」不可得，何以故？「無明」(本)無，故「本際」(亦)無。

（參）智者觀「非際」是「本際」，則不分別「本際」，斷「憶想、分別」故。

（肆）不貪著「無明」，知一切法「無所有」，是法「不爾」如所說，若說一切法「無所有」，即是說「知見」不明。

（伍）能通達一切法「無所有」，是為即得「明」，於此中更無餘「明」，但知見「無明」，是名為「明」。

（陸）云何為知見「無明」？
❶所謂一切法「無所有」。
❷一切法「無所得」。
❸一切法「虛妄顛倒」。
❹一切法「不爾」如所說。

起」自閉，盲冥無目，「無明」羅網，志存疽癩，入於「幽闇」，「無明」為首，「十二緣」以觀如是。

（貳）了斯「無明」，虛偽不真，又其「本際」而不可知，何以故？不可知、不可知，不逮「明」故，用「無明」故，其生「本際」而不可知。

（參）若有明智，當觀察之，曉了「本際」，則達「無際」，不起「思想」，亦不「無想」，便斷「眾想」，以斷「眾想」。

（肆）不猗「無明」，一切諸法不違「無明」，是諸法者，不去「無明」自大之心，所以者何？以捨「無明」，以故曰「名一切諸法皆為無明」矣。

（伍）以能覺了一切諸法皆「無明」者，則達「明業」，不更致「明」，以消「無明」，則曰「明業」。

（陸）何謂消「無明」者？
❶解一切法「悉無所有」。
❷一切諸法皆「虛不真」。
❸處存「顛倒」，法「無所有」。
❹「假託」有耳，是則名曰：以斷「無

明」，亦斷「有明」。 　㭭「明」與「無明」，悉虛不真。	是名知見「無明」。 　㭭知見「無明」即為是「明」，何以故？「明」(乃)「無所有」故。

三－14 「無明」不知「無明」，「行業」不知「行業」。「無明」與諸「行業」，皆從「顛倒」之「無明」所生

西晉・竺法護 譯 《持人菩薩經》	後秦・鳩摩羅什 譯 《持世經》
⑮所曰「無明」，用「無明」故，有「眾行業」，便致「十二」。 ⑯愚冥凡夫，所不能達，自投「邪冥」，悉無所有，反造所有，故曰為「行」。無處、無言，不言、不知，「明」亦「不冥」。「諸行」之業，悉本「空無」。所法「無有」，反行「所有」，故曰「無明」之緣，使成「諸行」。 ⑰其「行」無常，從是「非業」，致「眾行」來，又察「眾行」無「去、來、今」。 ⑱其「無明」空，分別「無明」，	⑮(以)「無明」(為)因(而)緣「諸行」者，諸法「無所有」。 ⑯凡夫入「無明闇冥」中，狂惑作諸「行業」，是「行業」無形、無處，是「無明」不能生「行業」，無法而起作故。 ⑰說(以)「無明」(為)因(而)緣諸「行業」，諸「行業」無有「聚集」，若「是處」、若「彼處」來「諸行業」，亦非「過去」、亦非「未來」、亦非「現在」。 ⑱無明，「無明」性空。行業，「行

「諸行」本空，「行」悉自然，「行」無所著。因其「無明」，故生「諸行」(→不離也)。其「無明」者，不著「諸行」(→不即也)，明「行」不斷，「無明」便消。	業」性空，諸「行業」無所依，但依「無明」(而生)起諸「行業」(→不離也)。諸「行業」不依「無明」，「無明」(亦)不依「行業」(→不即也)。
㈤「行」不除「行」，是行「無明」，則發闇弊，處存顛倒，「無明」叵得。	㈤「無明」不知「無明」，「行業」(亦)不知「行業」，如是「無明」諸「行業」，(皆)以「顛倒」故，從「無明」(而)生。
㈥則曰自然「行」不可得，亦曰「自然」，用幽冥塞，故曰「無明」。	㈥此中不得「無明」，(亦)不得諸「行業」。不得「無明」性，(亦)不得諸「行業」性；但以「闇冥」，數名(稱道)名「闇冥」。
㈦用冥「無明」，便立行耳。若法無「無明」，無所有，以「虛偽法」便成「無明」。	㈦以是「無明」闇冥故，分別說「行業」，從「無所有法」而起「作」故，「無明、行業」，皆無所有。

三－15 「識」雖不依「行業」，但亦不離「行業」而生「識」。「識」無有「生」者，亦無「使生」者；但緣「行業」，相續不斷，故有「識」生

西晉・<u>竺法護</u> 譯 《持人菩薩經》	後秦・<u>鳩摩羅什</u> 譯 《持世經》
㈠「行、識」行，無所著「行」，不	㈠(以)「行業」(為)因(而)緣「識」者：

起「識、行」，所以者何？	❶「識」不依「行業」。(➔不即也)
	❷亦不離「行業」生「識」。(➔不離也)
	「行業」亦不生「識」(➔不即也)。何
	以故？
㈡	㈡
❶「行」不知「行」。	❶「行業」不知「行業」。
❷「行」無有法，所可至奏。	❷「行業」亦無(從餘處而)持(「識」)來
從「行、識」生眾顛倒。	者。(➔不即也)
	但「顛倒」眾生，從「行業」生「識」。
	(➔不離也)
㈢其「行」與「識」，無內、無外、	㈢是「識」不在「行業」(之)「內」，
亦無中間，無起「識」者，以「行」	不在「行業」(之)「外」，亦不在(行業
逸生其「識」耳。	之)「中間」(➔不即也)。是「識」無有「生」
	者，亦無「使生」者；但緣「行業」
	(➔不離也)，相續不斷，故有「識」生。
㈣彼若「明智」，求「識」不得。	㈣智者求「識相」不可得，亦不
「識」無所生，亦無所見。	得「識生」。
	❶「識」亦不知「識」。
	❷「識」亦不見「識」。
	❸「識」不依「識」。
	㈤(以)「識」(為)因(而)緣「名色」者：
	❶「名色」不依「識」。(➔不即也)
	❷亦不離「識」(而)生「名色」。(➔不離
	也)
	是「名色」亦不從「識」中來(➔不即也)，

但緣「識」(而有「名色」)故(→不離也)。

㈥凡夫闇冥，貪著「名色」，「識」亦不至「名色」。智者於此求「名色」，不可得、不可見，是「名色」無形、無方，從「憶想、分別」(生)起，是「名色」相(由)「識」因緣故有。

㈦「識性」尚不可得，何況從「識」緣(而)生「名色」，若決定(能)得是(真實之)「名色」性者，無有是處。

三－16 「觸」即空無所有，從「憶想、顛倒」而生起，是「觸」乃「無方、無處」，亦無真實之「觸」性

西晉・竺法護 譯 《持人菩薩經》	後秦・鳩摩羅什 譯 《持世經》
	㈠(以)「名色」(為)因(而)緣「六入」者，是「六入」因「名色」起，「名」在身中，故有「出、入」息，利益身及「心、心數法」，是「六入」皆虛誑，無所有，從「分別」起，有「顛倒」用。 ㈡(以)「六入」(為)因(而)緣「觸」者：是「觸」依「色」而有，「觸」不觸「色」，何以故？「色」無所知，與「草木、

<table>
<tr>
<td></td>
<td>瓦石」無異，但從「六入」起，故分別說「觸」。</td>
</tr>
</table>

	瓦石」無異，但從「六入」起，故分別說「觸」。
	㊟何以故？「六入」尚「虛妄」無所有，何況從「六入」(而)生「觸」。
	㊟「觸」空(而)無所有，(「觸」)從「憶想、顛倒」(生)起，是「觸」(乃)無方、無處，「觸」空以無「觸」性故。
	㊟「觸」不知「六入」，「六入」亦不知「觸」，(以)「觸」(為)因(而)緣「受」者，是「受」不在觸「內」、不在觸「外」，不在「中間」。是「觸」亦不(從)「餘處」(而)持「受」來。而從「觸」起「受」，是「觸」尚「虛妄」無所有，何況從「觸」(而)生「受」？

三－17 諸「受」無「決定相」，亦無所有，皆從「顛倒」生起而有「顛倒」用

西晉・竺法護 譯《持人菩薩經》	後秦・鳩摩羅什 譯《持世經》
	㊟諸「受」無一「決定相」，諸「受」皆無所有，從「顛倒」(生)起(而)有「顛倒」用。

（貳）（以）「受」（爲）因（而）緣「愛」者：

❶是「受」不於「餘處」（而）持「愛」來。（→不即也）

❷「受」亦不與「愛」合。（→不即也）

❸「受」亦不知「愛」、（亦）不分別「愛」。（→不即也）

❹「愛」亦不知「受」、（亦）不分別「受」。（→不即也）

（參）「愛」不與「受」合，是「愛」亦不依「受」（→不即也），亦不離「受」（而）有「愛」（→不離也），「受」中尚無（眞實之）「受相」，何況（以）「受」（爲）因（而）緣生「愛」？

（肆）

❶「愛」不在受「內」、不在受「外」、不在「中間」。

❷「愛」亦不在愛「內」、亦不在愛「外」、亦不在「中間」。

（伍）「愛」中（之）「愛相」不可得，是「愛」但從「虛妄、憶想、顛倒」相應，故（假）名為「愛」。

（陸）是「愛」非「過去、未來、現在」，是「愛」非以「縛相」故（而生）起。是「愛」亦非「縛相」，但以「因緣」相

	續不斷故,說(以)「受」(爲)因(而)緣「愛」。 　㈦智者知見是「愛」(乃)「無處、無方」,空無牢堅,「虛妄」無所有。

三－18「愛」不與「取」合、亦不能生「取」、亦不能從「餘處」而生出「取」來。但隨「因緣和合」故說:以「愛」為因而緣「取」

西晉・竺法護 譯 《持人菩薩經》	後秦・鳩摩羅什 譯 《持世經》
	㈠(以)「愛」(爲)因(而)緣「取」者: ❶「愛」不於「餘處」(而)持「取」來。 (→不即也) ❷「愛」不與「取」合。(→不即也) ❸「愛」亦不能生「取」。(→不即也) 有「愛」故說名「取」(→不離也),(但)隨「因緣和合」故說。 ㈡ ❶「取」不與「愛」合(→不即也),(但)亦不散(→不離也)。 ❷「愛」不與「取」合(→不即也);(但)亦不散(→不離也)。 ㈢「取」不在愛「內」、不在愛「外」、

亦不在「中間」，「愛」尚無有，何況(以)「愛」(為)因(而)緣生「取」？諸「取」(之)「決定相」不可得。

㊉智者知見是「取」虛妄、無所有，「取」中「無取相」，是「取」非「過去、未來、現在」。「取」不在取「內」、不在取「外」、不在「中間」。是「取」但從「顛倒」起因，本「緣生」，今「眾緣」故有「取」。

㊄無有法「若合、若散」，是「取」無有「根本」，無一「定法」可得，凡夫受是虛妄「取」，是「諸行」皆「虛妄」故。世間為「取」所繫縛，智者通達是「取」虛妄，空無牢堅，無有「根本」，無一「定法」可得。

三－19 「取」不與「有」合、亦不能生「有」、亦不能從「餘處」而生出「有」來。但隨「因緣和合」故説：以「取」為因而緣「有」

西晉・竺法護 譯《持人菩薩經》	後秦・鳩摩羅什 譯《持世經》
	㊀(以)「取」(為)因(而)緣「有」者：
	❶是「取」不持「有」(而)來。(→不即也)
	❷是「取」(亦)不能生「有」。(→不即也)

而說(以)「取」(為)因(而)緣「有」。(➜不離也)

㈡是「有」不在取「內」、不在取「外」、不在「中間」。「有」不依止「取」,「取」不與「有」合、亦「不散」,但以「眾緣和合」故,說(以)「取」(為)因(而)緣「有」。

㈢「取」不能生「有」,「取」不分別「有」,「取」尚虛妄無所有,何況從「取」(為)因(而)緣生「有」?

㈣「有」無「有」(之)持來者,「有」中(之)「有」不可得。

㈤「有」不在「內」、「有」不在「外」、「有」不在「中間」,是「有」非「過去、未來、現在」。智者通達是「有」(之)虛妄,顛倒相應,無合、無散。「有」無所知、(亦)無所分別,是「有」(乃)「無處、無方」,是「有」(即)「無前際、無後際、無中際」。

㈥是「有」(乃)「非有」故、「非無」故,但隨順「十二因緣」故說是「有」,智者通達「有」(即)「相空、無牢堅」。

三－**20**「有」與「生」兩者乃「非緣、非不緣」。「有」尚不可得，何況從「有」而生「生」。但隨「因緣和合」故說：以「有」為因而緣「生」

西晉‧竺法護 譯 《持人菩薩經》	後秦‧鳩摩羅什 譯 《持世經》
	（壹）（以）「有」（為）因（而）緣「生」者： ❶是「有」不持「生」（而）來。（➔不即也） ❷「生」亦不與「有」合（➔不即也）；（但）亦不散（➔不離也）。 （貳）是「生」不在「有」（之）「內」、不在「有」（之）「外」、不在「中間」。「有」不能生「生」，亦不離「有」（而）「有」生，但示「十二因緣」相續，說（以）「有」（為）因（而）緣「生」。 （參）「有」與「生」（乃）「非緣、非不緣」，「有」尚不可得，何況從「有」（而）生「生」。 （肆）智者通達是「生」，不依於「有」（而）生，「生」中（為）「無生相」，「生」中（為）「無自性」，「生」中（乃）「無根本」，無一「定法」可得。 （伍）智者通達是「生」（為）「無性、無所有」，但示「十二因緣」和合相

	續，故說(以)「有」(為)因(而)緣「生」。 （陸）「生」無有法，若合、若散，「生」不在「有」(之)「內」、不在「有」(之)「外」、亦不在「中間」。是「生」非「過去」、非「未來」、非「現在」，是「生」(之)「前際、後際、中際」不可得，是「生」(之)根本不可得。 （柒）智者通達(「生」乃)從「眾因緣」生「顛倒」相應，虛妄無所有，如幻化相。

三－21 「生」不與「老死」等合、亦不能生「老死」等、亦不能從「餘處」而生出「老死」等來。但隨「因緣和合」故說：以「生」為因而緣「老死、憂悲、苦惱」

西晉・竺法護 譯 《持人菩薩經》	後秦・鳩摩羅什 譯 《持世經》
	（壹）(以)「生」(為)因(而)緣「老死、憂悲、苦惱」者： ❶是「生」不持「老死、憂悲、苦惱」來。(→不即也) ❷「生」亦不能生「老死、憂悲、苦惱」。(→不即也) （貳）「老死、憂悲、苦惱」，不在生

「內」、不在生「外」、不在「中間」，「老死、憂悲、苦惱」亦不依「生」，以「生」故「老死、憂悲、苦惱」可說，但示「眾因緣生法」故。

㊂「生」(雖)不與「老死、憂悲、苦惱」合(→不即也)；(但)亦不散(→不離也)。

㊃「生」中(之)「生」尚不可得，何況(以)「生」(為)因(而)緣「老死、苦惱」，「老死、苦惱」中「老死、苦惱」不可得，何以故？

㊄「老死、苦惱」不在「老死、苦惱」(之)「內」，亦不在「外」，亦不在「中間」，「老死、苦惱」非「過去」、非「未來」、非「現在」。

㊅「老死、苦惱」(雖)不與「老死」(而)「合」(→不即也)；(但)亦「不散」(→不離也)，但「顛倒」相應，「眾緣」和合，具足「十二因緣」，故說(以)「生」(為)因(而)緣「老死、苦惱」。

㊆「老死、苦惱」無所依止，「老死、苦惱」(之)「決定相」不可得，「老死、苦惱」(之)「前際、後際、中際」(皆)不可得。

	㊳智者通達「老死、苦惱」(皆)「虛妄」無所有，(皆與)「顛倒」相應，無有根本，(故皆)「不作、不起、不生」。
㊻不別於「識、名色、六入、所更(觸)、痛痒(受)」，受有「生老病死、憂感啼哭、痛不可意、大苦陰會」，輪轉無際，生死不斷。投于「五江四瀆」之間，不能自濟，曉了無根，悉無所著，無致無極，平等之業。	

三－22 觀「十二因緣法」，不見「因緣法、因緣相」，三世皆無。「因緣」乃「無緣、無生、無相、無作、無起、無根本」，從本已來，一切法「無所有」

西晉・竺法護 譯《持人菩薩經》	後秦・鳩摩羅什 譯《持世經》
	㊀如是觀「十二因緣法」，不見「因緣法」，若「過去」、若「未來」、若「現在」，亦不見「因緣相」。但知「因緣」(乃)是「無緣、無生、無相、無作、無起、無根本」，從本已來，一切法「無所有」故。 ㊁通達是「十二因緣」，亦見是「十二因緣」無有「作者、受者」。

若「法」所從「因」(而)生，是「因」無故，是「法」亦無。

㈢菩薩隨「無明義」故，一切法「不可得」，入如是觀中，「無緣」即是「十二因緣」，此中「無所生」。

㈣菩薩觀「十二因緣」，是「虛妄」生，隨順「無明義」，通達「十二因緣」。若法「無」者，是法亦「無」，是故說隨順「無明義」。

㈤(需)通達「十二因緣」(之)「無明」是「不生、不作、不起、無根本、無一定法、無緣、無所有」。

㈥菩薩爾時不分別是「明」、是「無明」，「無明」(之)「實相」即是「明」。因「無明」故，一切法「無所有」，一切法「無緣、無憶想分別」，是故(說)隨順「無明義」，通達「十二因緣」。

㈥觀「十二緣」，亦復如是，斯名曰「明」，無二。故勤精進，求一切諸法，以慕諸法，無「想、不想」，是柔順「明」入「十二緣」。

三－23 若能觀「十二因緣」之「集、散」相，是名得「無生」智慧，是名通達「十二因緣」

| 西晉・竺法護 譯 | 後秦・鳩摩羅什 譯 |

《持人菩薩經》	《持世經》
壹是為<u>持人</u>諸菩薩眾，曉了頒宣(頒布宣諭)「十二緣起」，在「合會」緣，有所生起，分別無會，是曰：逮得解「無所生」(即「無生」)。	**壹**<u>持世</u>！是名菩薩摩訶薩「十二因緣」方便智慧，若菩薩能如是通達「十二因緣」(之)「合(→不離也)、散(→不即也)」，是名菩薩善得「無生」智慧。
貳 ❶曉了「緣起」，觀「十二緣」，不當察生，不至「權慧」。 ❷❸若能達知「十二緣起」(乃)「無所生」者，乃曰：曉了逮「無生慧」(無生智慧)。	**貳**何以故？ ❶以「生、滅」觀，則不能善知「十二因緣」。 ❷若(能)觀「十二因緣」(之)「集(→不離也)、散(→不即也)」，是名得「無生」智慧。 ❸若得「無生」智慧，是名通達「十二因緣」。
參是故<u>持人</u>！菩薩大士，欲入「無生慧」(無生智慧)，建立證明，當分別暢「十二緣起」而奉行之。以餘奉行於「諸緣起」而「無所生」(即「無生」)，以作是觀，乃謂逮得「無所生慧」(無生智慧)，以能逮得「無所生慧」(無生智慧)，造立證明，乃曰逮得「無所從生」(即「無生」)，曉了「道慧」。	**參**<u>持世</u>！是故菩薩摩訶薩，欲入通達、欲證「無生」智慧，應當如是勤行修集是「十二因緣」智慧，則能觀證「十二因緣」(之)「無生相」。
肆是故<u>持人</u>！菩薩大士如是行者，於「所生緣」而「無所生」，悉斷「三界」，因緣證明，觀「無所生」	**肆**<u>持世</u>！若菩薩摩訶薩知「無生」即是「十二因緣」者，即能得如是「十二因緣」方便，是人以「無生

（即「無生」），若有菩薩至「無生相」，便疾逮得「無所從生法忍」（「無生法忍」）。	相」（而）知見「三界」，疾得「無生法忍」。
㊄輒得親近菩薩之行，己身所奉，面緣諸佛，而受「道決」，當逮「無上正真之道」為「最正覺」，得決不久，以近「受決」（受記）。	㊄當知是菩薩於諸「現在佛」，得近受「阿耨多羅三藐三菩提」記，是菩薩不久當得「受記」、次第「受記」。

三－24 若人通達「十二因緣」即是「無生」義，是人得接近「現在諸佛」。於諸「惡魔」，無所怖畏。得度「生死流」，至「安隱之處」

西晉・竺法護 譯 《持人菩薩經》	後秦・鳩摩羅什 譯 《持世經》
㊀又以自己如是「色像」奉行佛教，是諸正士，各便受決，得許信樂，分別一切世間諸法，以度方俗。	㊀持世！如是「善人」，因與「受記」（而）得「安隱心」，於一切法旨趣「方便」中，（能）得「智慧光明」。
㊁ ❶曉了「十二緣起」之元，以達「緣起」。 ❷諸佛世尊，現在目前。 ❸不復恐懼「諸魔波旬」。 ❹若見現在「陸地、水中」一切諸物，覩見「生死」。	㊁ ❶是人通達「十二因緣」，（即）是「無生」。 ❷是人得（接）近「現在諸佛」。 ❸是人於諸「惡魔」，無所怖畏。 ❹是人度「生死流」，得到「陸地」。

❺已度眾厄，拔「無明」根。 ❻如是比像（比擬象徵），永得安隱，覩見「正士」。 　㈡佛言：持人！若有菩薩，如是解了「吾我所有」皆「因緣」故，若有聞是曉了「十二緣起」本末，信樂不疑（者），（則於）諸如來所，成其根元，不久「受決」，得「無所從生法忍」（即「無生法忍」）。 　㈣以「受決」本，如來不久，諸如來便得「道決」，當逮「無上正真之道」，為「最正覺」。	❺是人得度「無明」淤泥。 ❻是人得到「安隱之處」。 　㈡持世！若我今世，若我滅後，若聞、若信、若讀誦、若修習是「十二因緣」方便者，我與是人「授記」，不久當得「無生法忍」。 　㈣我亦記是人不久當於「現在諸佛所」，得受「阿耨多羅三藐三菩提」記。

三－25 菩薩應善觀察「四念處」之「身、受、心、法」

西晉·竺法護 譯 《持人菩薩經》	後秦·鳩摩羅什 譯 《持世經》
《三十七品·第九》	《四念處品·第六》
㊀佛告持人：何謂菩薩曉了「意止」（即「念處」）？ 　㊁若有菩薩分別觀察，行「四意止」（即「四念處」），何謂「四意」？自觀其「❶身、❷痛痒（受）、❸想、❹法」，亦復如是。	㊀佛告持世：何謂菩薩摩訶薩善知「四念處」？ 　㊁菩薩摩訶薩觀（察選）擇「四念處」： ❶順「身」觀「身」。 ❷順「受」觀「受」。

❸順「心」觀「心」。

❹順「法」觀「法」。

（參）何謂為「順身觀身」？順「受、心、法」，觀「受、心、法」？

（肆）持世！菩薩摩訶薩「順身觀身」時，如實「觀身相」。所謂是身「無常苦」，如病、如瘡，苦惱憂衰，動壞之相。是身「不淨」，可惡ㄨ「惡ㄜ露」。

（伍）身中種種，充滿其內，九瘡孔中，常流「臭穢」，身之不淨，猶如「行廁」。

（陸）如是正觀身時，不得是身一毫清淨，無不「可惡ㄨ」者，知是身骨體「筋纏」，「皮肉」所裹。

（參）何謂自觀「痛痒（受）、想、法」。

（肆）於斯菩薩，自觀「身」行，察如真諦，「無常、苦、空、非身」之要。身為瘡病，危厄眾害，以用樂習，動搖遊去，荒穢不淨，以觀如是。

（伍）若干瑕疵，滿是身中，九品瘡孔，夙夜流出，臭處不淨，猶如「便廁」。

（陸）諦觀如是，無如毛髮「可樂、可取」，不淨穢濁，皮覆其肉，「筋纏」裹之，從罪福成。

三－26 觀身無一「常定、堅牢」之相，如水沫聚，不可撮摩。是身常為「八萬蟲」之所住處

西晉・竺法護 譯《持人菩薩經》	後秦・鳩摩羅什 譯《持世經》
（壹）「積聚」眾著，便有「盛陰」，何謂「積聚」（集）？何謂「盛陰」（取）？	（壹）從「本業」（前世）「因緣果報」所起，「集、取」所縛，何等為「集」？

㈡皆宿世緣，有是「盛陰」(取)。由本倚慕，虛偽覆之，沐浴文飾，謂是我身，由是「積聚」(集)。

㈢何謂「盛陰」(取)？從「因緣」起，而「報應」成。

㈣從造行轉，因于「四大」，計身本末，非真之有，受于「四大」，而成「色陰」，因得「假託」，所以名曰「身者」何？
❶已自造作，故曰為「身」。
❷心以依之，故曰為「身」。
❸罪福所為，故曰為「身」。
❹從「思想」生，不肖可賤。

❺與「行業」合，故曰為「身」。
❻從「因緣」成，身適小安。

㈤
①便復壞敗，不得久長，不可常存，尋當「別離」，故曰為「身」。
②無「內」、無「外」、亦無「中間」，雖立迫惱。
③身不知「身」，亦不可見。
④不為解明，不得「度」(彼)岸，無有思想，猶如「草木、瓦石」之類。

何等為「取」？

㈡從先(世)「因緣」起是身，是名為「取」。今以「沐浴、飲食、衣被、床臥、被辱、醫藥」，是名為「集」。

㈢如是「現在因緣」為「集、取」所縛，本業(前世)「果報」力故有用。

㈣又是身「四大」所造，無「決定」實，「色陰」所攝，數々(稱道)名為「身」。
何故說名為「身」？
❶能有「所作」故，說名為「身」。
❷貪著「依止處」故，說名為「身」。
❸隨意「有用」故，說名為「身」。
❹從「憶想、分別」(生)起故，說名為「身」。
❺假「合」作故，說名為「身」。
❻與「業」合故，說名為「身」。

㈤
①是身不久，終歸「壞敗」，「無常、無定、變異」之相。
②是身不在身「內」，不在身「外」，不在「中間」。
③是身不知「身」，亦不見「身」。
④是身「無作、無動、無有願求」，亦無有「心」，與「草木、瓦石」

	等無有異。
⑤身不成「身」。	⑤身中無有「決定身相」。
㈥以作是觀，以立解達，則不貪身，無所慕樂，知身為「患」，身無「過去、當來、現在」。	㈥如是「正觀」擇身，知是無有「作者」，亦無「使作者」，是身「無前際、無後際、無中際」。
㈦「非身」是身，如「聚沫、澡浴」文飾，是身如「宅」，八十種蟲。	㈦是身無一「常定、堅牢」之相，如水沫聚，不可撮摩，是身「八萬虫」之所住處。

三－27 身乃「性空」，無一「決定」相，皆從前世「眾因緣」生起。故不應於「身」中生「我、我所」想，不應惜身「壽命」

西晉・竺法護 譯《持人菩薩經》	後秦・鳩摩羅什 譯《持世經》
㊀是身迫惱，無數百病，是身「無救」，「三苦」困厄，所云苦者：	㊀是身百種「諸病」之所侵惱，以「三苦」故。是身為苦，無有救者，所謂：
❶❷生死之患。	❶行苦。
	❷壞苦。
❸別離之難。是身苦器，受諸「危厄」。	❸苦苦。是身「眾苦」之器。
㊁以作是觀，思惟順義：①則不貪(己)身，不慕他人。②無所「志樂」。	㊁如是正觀身時，又復思惟：①是身非「我」、非「彼」。②不得「自在」、不得「隨意」。

③是身「無我」，雖有便離。
④身無所有，悉無有實。

　　參是身以「空」，自然虛無，至無「真正」,「虛偽」立耳。結在無益，從本行成。雖有是身，則非我身，當興專精，慕求「不貪」。

　　肆已能觀察：
❶己身壽命，不得「合、散」。
❷不見「往、返、住、立、處所」。

❸不覩「過去、當來、現在」。

❹無「想、不想」，悉無所著。
❺不猗身命，身非我有。
❻亦無「我、所」，則「無所受」。

---

③「作」是、「不作」是。
④是身無根本，無一「定法」可得。

　　參是身「性空」，無一「決定」相，是身（由）「虛妄」所（生）起，繫於「機關」（人身乃由「五蘊假和合」而成，無有實自性而虛假，猶如傀儡，故經典常以「機關木人」喻人身）作法，從本業（前世）「因緣」（生）起，（故）不應於「身」中生「我、我所」想，我等不應惜身「壽命」。

　　肆菩薩如是觀時：
❶不得身「若合、若散」，
❷不見有所從「來」,「去」有所至，有所「住處」。
❸不分別是身，若「過去」、若「未來」、若「現在」。
❹則不依止「身命」。
❺不貪惜身「若我」、若「我所」。
❻常離「身受」。

　　伍是菩薩觀「身空」，無「我」、無「我所」，是身中「我、我所」不可得故，是「身相」不可得。

三 – **28** 身無有「作者、起者」，從「眾因緣」生，是「因緣」

能「和合」身體

西晉‧竺法護 譯《持人菩薩經》	後秦‧鳩摩羅什 譯《持世經》
	㊀是菩薩若不得「身相」，即不願「身入」，「身」不起作道。
	㊁云何為「入」？是「身」無有「作者」、無有「起者」，是「身」(為)「不作、不起」相，(是「身」)從「眾因緣」生，是「因緣」能「和合」身。
	㊂而是「因緣」(法)，亦「虛誑」無所有，(生)「顛倒」相應，空無「牢堅」；亦以是「因緣」故，是「身」得「生」，是「因緣」亦「無生、無相」。如是觀身，即入「身」(之)「無生相」中。
	㊃入已觀身「無相」，以「無相」(之)相(而)觀身，知是身「無相」，「相」不可得故「無生」。
	㊄是身「過去相、未來相、現在相」不可得，何以故？是身「無根本」，無一「定法」可得。是身「若此、若彼」不可得。

㊌(觀察是「身」乃)「不合、不散」，無所從來，令心惱熱，不知所趣，計「身」本末(皆)「無所起」，(其)「生、住、立、滅」盡。	㊌如是觀時，知身「無所從來」，亦「無所去」，即入「身」(之)「不生、不滅」道。
㊍菩薩觀「身」如是「無身」，已了身虛，若身「欲盛」，輒自消滅，「身意」則止，立存順行，如義「觀身」，便「無有身」。	㊍持世！菩薩摩訶薩如是，願身「觀身」入「如實相」，於身「欲染」則能「除斷」，疾令其念，正住身中，是名「順身觀身」。

三－29 「諸受」無「決定相」，無有「根本」，無一「定法」，新新「生滅」，無有「住時」

西晉‧竺法護 譯 《持人菩薩經》	後秦‧鳩摩羅什 譯 《持世經》
㊀佛告持人：何謂菩薩觀身「痛痒(受)」？ 若有菩薩，察身「三痛(受)」，「樂痛(受)、苦痛(受)、不樂不苦痛(受)」。	㊀持世！何謂菩薩摩訶薩「順受觀受」？ 菩薩摩訶薩觀「苦受、樂受、不苦不樂受」。
㊁計其「痛痒(受)」，不知所趣，無去、無來，唯從「虛無」，「因緣」合成，受「罪福」報，由「顛倒」興，知「痛(受)」本無，因「思想」(憶想分別)立。	㊁見是「三受」，無所從來、亦無所去，但虛妄「緣合」(因緣和合)，本業(前世)「果報」所持，(與)「顛倒」相應，知「諸受」(皆)「虛妄」，從「憶想、分別」(生)起。
㊂作是觀者，不得「痛痒(受)」，	㊂菩薩如是觀「諸受」，不得「過

無「去、來、今」，不見「處所」。其「過去痛(受)」，了「空、無我」，亦無「我、所」，無「常、堅固」，悉「顛倒」法。

㈣「過去痛(受)」(即)「空」，惔怕「無想」，「當來、現在」亦復俱然，乃知「痛痒(受)」，不得成立，無形可獲，各自分離。

㈤其「痛痒(受)」者，無有「起」者，亦無所「滅」，亦無「處所」。

㈥(是「諸受」乃)無「內」、無「外」，愚冥凡夫，由從「顛倒」而生「痛痒(受)」，「罪福」報應，適「合」便「離」。

㈦故曰「痛痒(受)」悉「空」，(為)慌惚「虛詐」之法，以如是知，從「痛(受)」因緣，得心「處所」。

㈧「痛(受)」會有竟，必歸「滅盡」，不見「痛痒(受)」所「合、聚處」，心自念言：「痛痒(受)」則「空」，自然

去受」，不得「未來受」，不得「現在受」。是菩薩見「過去諸受」(為)「空、無我、無我所、無常、無牢堅、無不變異相」。如是觀是「過去諸受」(為)「空相、寂滅相、無相相」。

㈣觀「未來諸受」(為)「空、無我、無我所、無常、無牢、無堅、無不變異相」。觀「未來諸受」(為)「空相、寂滅相、無相相」。

㈤是菩薩如是觀時，作是念：「諸受」無「決定相」，無有「根本」，無一「定法」，「不相似」故，新新「生滅」，無有「住時」。

㈥菩薩作是念：是「諸受」(乃)「無作」，亦「無作者」，但(於)凡夫「顛倒」相應心中，起「三種受」，屬「本業(前世)因」，(與)「今世緣」(和)合，故有是「諸受」。

㈦是「諸受」皆「空」，無有「牢固」，「虛妄」之法，猶如「空拳」，如是觀「受」，心住「一處」。

㈧菩薩爾時得通達「諸受」(之)「集、沒滅」相，見「諸受」(乃)「不合、不散」，又(於)「受」中不見(真實

「無形」，不見「所生」。「痛（受）」無所「生」，亦無有「滅」，無有「成想」，以無有「成想」，已「無有相」，「相」無所生。	之）「受」。(並)作是念：「諸受」(乃)「空、性空」故，即通達「諸受」(爲)「無生相」。此「諸受」(乃)「無生、無滅」，無有「成相」，是「諸受」皆「無相、無成相」。
㊈普觀如是，身所「痛痒（受）」，則無所「猗」，解知「痛痒（受）」(之)真諦「本無」，以斷「痛痒（受）」，離諸入「痛（受）」，不與其「合」，不著「痛痒（受）」，衆行寂然，速求方便，逮「三昧定」。	㊈如是思惟，(於)受「諸受」時，皆能「不著」，如實知見「諸受」相，離諸「所受」，於此「諸受」亦「無所依」，於「諸受」中，心皆「放捨」，則疾得「捨三昧」。
㊉菩薩察行「痛痒（受）」如是，見行以了，則覩「十方」。	㊉持世！菩薩摩訶薩如是「順受觀受」。

三－30 「心」從本已來「不生、不起」，性常「清淨」，爲「客塵」煩惱所染，故心有「分別」

西晉・竺法護 譯 《持人菩薩經》	後秦・鳩摩羅什 譯 《持世經》
㊀佛告持人：何謂菩薩「觀心意行」？ 若有菩薩觀「心念」行，發「意念」頃，察于「心法」，若「存、異、變」以能觀者。	㊀持世！何謂菩薩摩訶薩「順心觀心」？ 菩薩摩訶薩觀心「生、滅、住異」相。

㈡心自念曰：

❶其心未曾有所「奔逸」，無所「至到」，異「緣」所使，遣所湊相。心所「興發」，亦不成就。亦無「形貌」，悉不可得。

❷心無「往、返」，「立」無「所處」。

❸無「去、來、今」。

❹以「因緣」現，而有所念。

❺其「心」計之，無「內」、無「外」、無有「中間」，有所迫惱。

❻心無「處所」。

❼無自然矣，不可成辦。

㈢

心（雖）「無所斷」，（亦）若「有所斷」，心以名曰：若干種變，使不可計。（雖有）「生相」即「滅」。

㈣持人！心無「住處」，心無「存處」，所在已能「覺」。

㈤是則無「心念」，亦無所「見」，所以者何？

㈡如是觀時作是念：

❶是「心」無所從「來」、亦無所「去」，但識「緣相」故生，無有「根本」，無一「定法」可得。

❷是心「無來、無去」，無「住異」可得。

❸是心非「過去、未來、現在」。

❹是心識「緣」故，從「憶念」起。

❺是心不在「內」、不在「外」、不在「中間」。

❻是心無一「生相」。

❼是心「無性、無定」，無有「生者」、無「使生者」。

㈢

❶（能）起「雜業」故，說名為「心」（阿賴耶識：如來藏）。

❷能識「雜緣」故，說名為「心」。

❸念念「生滅」（→非常也），「相續」不斷（→非斷也）故，說名為「心」。

㈣但令眾生，通達「心」（所）緣（諸）相故，心中無「心」相。是「心」從本已來，「不生、不起」。性常「清淨」，「客塵」煩惱染，故有「分別」。

㈤心「不知」心，亦「不見」心，何以故？

①又其心「空」，自然、無形，無有象生。

②又「無所有」，不得「處所」。

③無「合」心者，無有「散」者，心無「過去」，無有「將來」，不得「中間」，無「能見」者。

④心不「自然」，心不「清淨」，心不知「心」，心不「斷絕」，心無有「心」，則曰「本淨」。處在「顛倒」(之)愚冥凡夫，以虛「因緣」，教在諸相。

⑤心自發念，又其彼心「空」、無「吾、我」(所)，而計有「身」，心存有常，長久永安，以顛倒法，而自投冥。

(陸)觀心如是，逮得「柔順」心「意止」(即「念處」)也，心無「想念」，亦無「不相」，曉了其心，而於「所生」，無「所生想」，所以者何？

(1)心無所「發」，不得「真際」，不得其「相」，「心相」不起。

(2)明者所解，分別達之，知心所「習」，所趣歸「滅」。

(柒)審知如有，作是察心，不有「合」習，無「滅歸」處，以不得心；若不得心，況復所習，所歸究竟。

①是心「空性、自空」故，根本無所有故。

②是心無一「定法」，「定法」不可得故。

③是心無「法」，若合、若散，是心「前際」不可得，「後際」不可得，「中際」不可得。

④是心無形，無「能見」者，心不「自見」，不知「自性」，但凡夫「顛倒」相應，以「虛妄」(攀)緣「識相」故(生)起。

⑤是心「空、無我、無我所、無常、無牢、無堅、無不變異相」。

(陸)如是思惟，得「順心念處」。是人爾時不分別是「心」、是「非心」。但善知「心」(之)「無生相」，通達是「心」(之)「無生性」，何以故？

(1)心無「決定性」，亦無「決定相」。

(2)智者通達是「心」(乃)「無生、無相」。

(柒)爾時如實觀心「生、集、沒滅」相，如是觀時，不得心若「集相」、若「滅相」，不復分別心「滅、不滅」，

以是之故，心不「想滅」，亦非「無想」，逮心清淨。	而能得心「真清淨相」。
㉘心已清淨，不隨塵勞，不為污染，所以者何？ 知除所有，心則清淨，眾生心亂，便染「塵勞」，心淨則淨，以能知除。 心自念言： 心有「塵勞」，以是之故，計眾生行，心有所著，便為「塵勞」。心以解「明」，則致清淨。	㉘菩薩以是「清淨心」，「客塵」所不能惱，何以故？ 菩薩見知心「清淨相」，亦知眾生心「清淨相」。作是念： 心「垢」故，眾生垢。心「淨」故，眾生淨。
㉙已作是觀，不得「欲塵心」，不得「淨心」。爾乃達了「心本清淨」。菩薩如是「觀心意行」，便通「本淨」。	㉙如是思惟時，不得心「垢相」，不得心「淨相」，但知是心「常清淨相」。 持世！菩薩摩訶薩如是「順心觀心」。

三－31 諸法不在「內、外、中間」，亦非三世。諸法但從「眾因緣」生，由「顛倒」生起，故諸法無有「決定相」

西晉‧竺法護 譯 《持人菩薩經》	後秦‧鳩摩羅什 譯 《持世經》
㊀佛告持人：何謂菩薩「心存在法」？觀其「法行」，若有菩薩觀一切法： ①不見「內法」、不見「外法」、不處	㊀持世！何謂菩薩摩訶薩「順法觀法」？菩薩觀一切法： ①不見「內」、不見「外」、不見「中

「中間」，有所「迫惱」。

②法無「過去、當來、現在」。

③因「十二緣」而生有之，諸法「顛倒」，法無成就。

　　（貳）又察其法，無有「內、外」，亦無「中間」，法無「合、散」。

（參）

❶一切諸法悉無「形貌」，無所有無不有，託有音耳。

❷一切諸法，猶如「虛空」。

❸（一切諸法）亦若「幻想」。

❹（一切諸法）生自然，本清淨明，諸各有所猗勞。

❺一切諸法，無所「覩見」。

❻（一切諸法）察其真實，猶如夢中所見，覺無所覩。

❼❽一切諸法猶如「照影」。

❾（一切諸法）本淨無形，無名想，諸法「無思」。

間」。

②亦不得諸法若「過去」、若「未來」、若「現在」。

③但知諸法從「眾緣」生，（由）「顛倒」（生）起，諸法無有「決定相」。

　　（貳）所謂是「諸法」屬是「人」，「諸法」本體於諸法中無「諸法」。

「諸法」不在諸法「內」、不在諸法「外」、不在「中間」，「諸法」不與諸法「合」（→不即也）；（但）亦「不散」（→不離也）。

（參）

❶一切法無「根本」、無一「定相」，諸法「無所有」故，不動不作。

❷一切法如「虛空」，無所有故。

❸一切法「虛誑」，如幻，幻相無所有故。

❹一切法常「淨相」，俱「不污」故。

❺一切法是「不受」相，諸受「無所有」故。

❻一切法「如夢」，夢性「無所有」故。

❼一切法「無形」，形「無所有」故。

❽一切法「如像」，性「常無」故。

❾一切法「無名、無相」，名相「無所有」故。

❿一切諸法，如呼「聲響」。	❿一切法「如響」，虛妄所作，「無所有」故。
⓫(一切諸法)從「虛無」立，諸法則無。	⓫一切法「無性」，性「不可得」故。
⓬(一切諸法)自然之故，不可得矣。 諸法(如)「野馬」，無所有故。	⓬一切法「如焰」，知「無所有」故。
㊵以能如立，觀諸法者： (1)愚冥凡夫，見若干「變」。 (2)則知無法不用，法「無合、無散」。 (3)以見諸法，永無所著。	㊵菩薩如是觀一切法時： (1)不見諸法若「一相」、若「異相」。 (2)亦不見法與法「若合、若散」。 (3)亦不見「法」依止於「法」。
㊄以作是觀，見一切法「無往、無返」，不見諸法之所「立處」，所以者何？ 無「處、非處」。	㊄如是觀時，見一切法「無所從來」，亦不見一切法「住處」，何以故？ ❶一切法「無住、無依、無起」。 ❷一切法「無住處」，住處「無所有」故，住處「不可得」故。

三－32 諸法無有「差別、分別相」，皆從眾生「顛倒」而生。諸法乃「無處、無方、無自性、離根本、非一相、非二相、非異相」

西晉・竺法護 譯 《持人菩薩經》	後秦・鳩摩羅什 譯 《持世經》
㊀一切諸法從「因緣」起，處在「顛倒」，輪轉無際。無「言、不言」，無有「二想」，亦非「一想」，不有「小	㊀持世！諸法無有「差別」，一切法「無分別相」，從眾生「顛倒」故有用，是諸法「無處、無方」。

想」。

㈡明者所了，而「不可得」，亦非「不得」，所以者何？
❶諸法「不生」，亦無所「起」，無造、無作，不得「作者」。
❷諸法捨形，亦無「身貌」。
❸亦無自然，自然成矣。
❹諸法無數，本真諦故。
以作是觀，解一切法。

㈢無有「吾、我(所)」，無人、無命，察于「空無」。心自念言：一切諸法，悉云「本性空」，法以「自然」，亦無有「想」，不見「眾想」，不造「法願」。察一切法以「無所生」，自心念言：法無「所起」，亦無「所滅」。

㈣以觀如是，得「法意止」(即「念處」)，於一切法，了「無所生」(即「無生」)，知歸「習(集)、盡(滅)」，因法相成，自然離以(己)，則無有相。所以者何？無有成，其「無相」者，乃捨「相」耳，諸明達者，分別覺了，是一切法，悉為「本無」。

㈤若有菩薩當作是觀：

㈡智者得諸法，非「一相」、非「二相」、非「異相」。何以故？持世！
❶一切法「不生、不作、不起」，無「能作」者。
❷一切法「離根本」。
❸一切法「無自性」，(起)過諸性故。
❹一切法「無歸處」，諸歸處「無所有」故。

㈢如是觀諸法，善知諸法「無我、無人」，觀(察選)擇諸法「性空」，是諸法「皆空」，「性自空」故。諸法「無相、不見相」故，於諸法中不起「願」。即時觀(察選)擇一切法「無生」，作是念：此中實無有法「若生、若滅」。

㈣如是觀時，心住「一處」，爾時便得通達一切法「無生」，亦知見一切法「集、盡滅」，亦能入一切法「離相、離性」。何以故？持世！一切法「無決定性」，智者通達諸法「無相、離相」。

㈤持世！菩薩摩訶薩「順法觀法」，如是觀者：

西晉・竺法護 譯《持人菩薩經》	後秦・鳩摩羅什 譯《持世經》
⑴諸法法行，以作是行，不得諸法，亦無所生。	⑴於法「無所得、無所受」。
⑵不起諸法，有所「住、止」，亦無所「滅」。	⑵於法「不為生、不為住、不為滅」。
⑶一切諸法，悉「滅度相」，諸根寂然，相亦惔相。	⑶故行而見一切法「盡滅相、寂滅相」。
㈥菩薩如是觀見諸法，了「法意止」(即「念處」)已，無「止處」，無所「不止」，悉入諸法「慧明之相」，自察心念，致「法意止」(即「念處」)，則名曰：頒宣(頒布宣諭)經典： ①於一切法而「無所住」，敷演諸法，攝妄以慧，斯曰：於一切法所覩「真諦」，逮「法意止」(即「念處」)。 ②佛言：「意以止」(即「念處」)者，便至「意斷」，身意、痛(受)意、想法意，解「三界空」，不見身及「痛(受)」想法，則「四意斷」。	㈥持世！是名菩薩摩訶薩，善觀「四念處」。何故說名「念處」？「念處」者，即是： ①一切法「無處、無起處、無所有處」。能如是入一切法，則念不亂，名為「念處」。 ②又「念處」，是一切法「不住、不生、不取」，「如實」知見處，名為「念處」。

三－33 菩薩修習「五根」時，需信一切法皆從「眾因緣」生，由「顛倒」所起，虛妄緣合，似如火輪，又如夢性

西晉・竺法護 譯《持人菩薩經》	後秦・鳩摩羅什 譯《持世經》
	《五根品・第七》

⑤佛告持人：菩薩若有逮解「五根」，度俗世本，順諦察之，何謂為「五根」？ ①一曰「信根」。 ②二曰「精進根」。 ③三曰「意根」。 ④四曰「定意根」。 ⑤五曰「慧根」。 　　⑥是為「五根」，當覩是行，云何觀之？ ❶信一切法從「因緣」起，立有顛倒，「虛無」合成，展轉「不定」，猶如車輪。所遊無際，亦如所夢，自然退逝。 ❷信一切法「無常、苦、空、非身」，疾病瘡痍，老不長存，不得久在，當復別離。 ❸諸法「不真」，皆無有實，慌惚捨放，等放諸根。猶如彩畫，如小兒力，思想欺戲，以為真實，不知虛詐，悉無所有。 ❹其「信根」者，一切諸法無「去、來、今」。 ❺無「去」、無「來」，亦無所「住」。 ❻「空」、無「相、願」。 ❼無起、無行，無想、不惑。	⑤持世！何謂菩薩摩訶薩善知「諸根」？ 菩薩摩訶薩，正觀出世間「五根」，何等五？所謂： ①「信根」。 ②「精進根」。 ③「念根」。 ④「定根」。 ⑤「慧根」。 　　⑥菩薩修習「五根」時： ❶信一切法皆從「眾因緣」生，「顛倒」所起，虛妄緣合，似如火輪，又如夢性。 ❷信一切法「無常、苦、不淨、無我」，如病如瘡，無有堅牢，虛偽不實，敗壞之相。 ❸又信一切法「虛妄」無所有，猶如「空拳」，如虹雜色，誑於小兒。憶想分別，「假借」而有，無有「本體」，無一「定法」。 ❹又信一切法，非「過去」、非「未來」、非「現在」。 ❺信一切法「無所從來」，亦「無所去」。 ❻信一切法「空、無相、無作」。 ❼信一切法「無生、無作、無起、

無相、離諸相」。

㈢
「戒」清「定」淨，慧、解度知見品淨。

以能奉斯「信根」行者，則不迴還。

㈣篤「信」為首，建立「禁戒」，悉無所失，不違「道業」，以無所失，便順「正法」，住於篤信，無能動搖。

㈤善德報應，感來歸護，則立直業，而無「誤諂」，斷諸「邪見、六十二緣」，不求「外學」以為師主。如見日月，不用燭火，唯歸如來，識知聖眾。

㈥「善」具足，成立淨業「戒、忍辱、仁和」，如是篤「信」，而不動搖，以無能動，甚懷「義信」，便具「道法」。

㈢而信：
(1)「持戒」清淨。
(2)「禪定」清淨。
(3)「智慧」清淨。
(4)「解脫」清淨。
(5)「解脫知見」清淨。
菩薩如是成就「信根」，得「不退轉」。

㈣以「信」為首，故能信「持戒」，是「信」常「不退、不失」，成就「不退法」，安住不動。

㈤「信」中常隨「業果報」成就信人，斷一切「邪見」，不離「法」求師，但以「諸佛」為師，常隨「諸法實相」，知僧行「正道」。

㈥住清淨「戒」，成就「忍辱」，得如是「不動、不壞」信、「增上信」故，名為「成就信根」。

三－34 菩薩摩訶薩行持「精進」乃為除「五蓋」：❶貪欲❷

瞋恚❸惛眠❹掉舉惡作❺疑

西晉・竺法護 譯 《持人菩薩經》	後秦・鳩摩羅什 譯 《持世經》
壹佛告持人：何謂菩薩觀「精進根」？云何具成曉了方便，若有菩薩「篤道」不違。	壹持世！何謂菩薩摩訶薩正觀「精進根」？ 成就「精進根」，善知「精進根」。菩薩摩訶薩行「精進」，不休不息。
貳以精進故休息「五蓋」（❶貪欲蓋❷瞋恚蓋❸惛眠蓋❹掉舉惡╱作蓋❺疑蓋），設值得聞如是景模深妙經典勤順奉行。	貳常欲除「五蓋」（❶貪欲蓋❷瞋恚蓋❸惛眠蓋❹掉舉惡╱作蓋❺疑蓋）故，勤行精進，乃至為聽如是等「深法」，名為「精進」。
參夙夜「精進」，不悒╱怯弱，心不忘遠，志慕「博聞」。	參是菩薩求法，不休不息，「精進」不退。
肆無罣礙法，以斷「諸蔽」，不廢「精進」。若心生「念惡」不善法，以「大精進」而蠲除之，識法已興，建立勤修，未曾懈倦。	肆亦欲斷諸「障礙法」故，勤行精進，而不怯弱，亦為斷種種「惡、不善、衰惱」法故，「勤行」精進。又為增長種種「善法」故，「勤行」精進，是菩薩決定成就「精進」。
伍無猗「精進」，攝加「勤修」，不以此行，有所違失，而不還返，所遵力務。曉了諸法，分別如應，不戴仰人，在於世治，不失「精進」。以斯「進根」，最有威德，以義「勤學」，得號「進根」。	伍「不貪著」是精進，而入是「平等」精進，成就「不退」精進。是人為「正方便」，通達一切法故，發行「精進」，於「精進」中不隨他人。於「精進」中，得智慧明，成不退相，能得如是「不退精進、增上精

	進」故，得名成就「精進根」。

三－35 菩薩修習「念根」者，需常攝念一處，「布施」柔和，具足「梵行」，持畢竟「清淨戒眾、定眾、慧眾、解脫眾、解脫知見眾」

西晉・竺法護 譯《持人菩薩經》	後秦・鳩摩羅什 譯《持世經》
㊀佛告持人：何謂菩薩逮得「意根」，云何曉了，奉行「意根」？	㊀持世！何謂菩薩摩訶薩能得「念根」？
㊁若有菩薩：	㊁善修習「念根」，菩薩摩訶薩：
❶制止其意，順施、戒聞，具足「梵行」究竟「戒品」。清淨之業，「定、意、慧、解度知見」品。	❶常攝念一處，「布施」柔和，具足「梵行」，持畢竟「清淨戒眾、定眾、慧眾、解脫眾、解脫知見眾」。
❷淨「身、口、意」。	❷常思念淨「身、口、意」業。
❸究竟謙恪，建立正意。	❸常思念「究竟」其事。
❹在一切法令無所生，住存殊異，而察至行。	❹常思念一切法「生、滅、住異」相方便。
❺「苦、習（集）、盡（滅）、道」，以除斷斯。	❺常思念知見「苦、集、滅、道」諦。
❻存立「意止」（即「念處」），方便解達「根力」覺，一心意「定意」（禪定），三昧正受。	❻常思念「諸根力」覺道，禪定解脫，諸三昧方便。
❼解暢諸法，而無「想願」。	❼常思念一切法「不生不滅、不作不起」，不可說相。
❽得「不起慧」。	❽常思念欲得「無生智慧」。

❾致「忍辱」聖。 ❿離欲「滅度」，以得「意止」(即「念處」)。 ⓫具足「佛法」。 ⓬不行「聲聞、緣覺」地也。 ⓭奉無礙慧，心不迷惑。 ⓮以能專精如是「像法」，身口謹慎，不失其意，不依仰人。 ⦿察如是法，最有威德，逮得「正本」，是謂曉了，逮「定意根」。	❾常思念欲得「具足忍智」。 ❿常思念「離智滅智」。 ⓫常思念欲得「具足佛法」。 ⓬常思念不使「聲聞、辟支佛」法入心。 ⓭常思念無礙「智慧」。 ⓮常不忘不失，不退是念。 ⦿入如是觀中，而不「隨他」，是人得如是「堅牢」增上念故，名為成就「念根」。

三－36 菩薩修習「定根」者，常行「禪定」，不依「禪定」，不貪「禪定」。善知「入、住、起」禪定，而於禪定「無所依止」

西晉・竺法護 譯 《持人菩薩經》	後秦・鳩摩羅什 譯 《持世經》
㊀何謂菩薩逮「定意根」，云何曉了斯「定意根」？ ㊁若有菩薩，以行「禪思」，一心不虛，行賢聖業「禪心」無所著，以無逸禪，善攝「定意」(禪定)，明解正等，曉了「定意」(禪定)，無顛	㊀持世！何謂菩薩摩訶薩能得「定根」？能得「定根方便」？ ㊁菩薩摩訶薩於聖地中， ❶常行「禪定」，不依「禪定」，不貪「禪定」，善取「禪定相」。 ❷善得「禪定方便」，解「善生禪定」，

倒禪觀「定意」(禪定)門，以暢不亂，入于寂志，從「三昧」起，不復「定意」(禪定)，亦無「正受」，以能慕樂，志立道業。	亦能行「無緣禪定」，悉知「諸禪定門」。 ❸善知「入」禪定，善知「住」禪定，善知「起」禪定，而於禪定「無所依止」。 ❹善知所緣相，善知「緣」真相，亦不貪受「禪味」。
(參)而以「禪思」，因用自娛，不須仰人，「禪思」正受，不隨「禪教」，以逮威德，「定意」(禪定)一心。不貪利養，行不憒閙。	(參)於諸定中「自在遊戲」而不隨他，亦不隨「禪」生。於諸定中，得「自在力」，於諸定中，不以為難，不以為少，隨意所欲。
(肆)以最威德，逮「定意根」，所度無極。	(肆)是人得如是「增上禪定」故，名得「定根」，得「定根方便」。

三－37 菩薩修習「慧根」者，需觀擇三界「一切皆空」，皆「無相、無願、無生、無作、無起」

西晉・竺法護 譯 《持人菩薩經》	後秦・鳩摩羅什 譯 《持世經》
(壹)佛告持人：何謂菩薩行「智慧根」？云何曉了，逮「智慧根」？	(壹)持世！何謂菩薩摩訶薩成就「慧根」，得「慧根」方便？
(貳)若有菩薩，滅身所行，為何謂也？盡除「眾苦」，常消身行，在在行慧，普見「離欲」，滅習(集)、盡	(貳)菩薩摩訶薩，能成就通達「慧根」，所謂能正滅「諸苦」，是人成就是「通達慧」，處處所用，皆得「離

（滅）、道，向「無為門」。

　　參以行「慧根」，皆觀三界，一切熾然，知三界苦。其智慧者，不猗三界，察之悉「空、無想、不願」。

　　肆心無所生，無所復行，覩者「有為」，悉放捨之，如救頭然，具足佛法。

　　伍專習諸法，雖處三界，戢↲滅一切，悉放捨「著」；而於三界，悉無所慕，斷諸所樂，捨諸「有為」。一切「染污、愛欲」縛結，心無所著，不慕「五樂」。

　　陸不著「欲界」、「色、無色」界，心抱智慧，聖明功勳，不可限量；猶如江海，所行至誠，而無崖底，曉了諸法。

　　柒則以智慧，分別三界，悉無所著。是最德義，奉於智慧，所度無極。

觀、捨觀」，成就隨「涅槃智慧」，成就是「慧根」故。

　　參善知三界，皆悉熾然，善知三界，皆是苦。以是智慧，不處三界，是人觀（察選）擇三界「一切皆空」。

　　肆皆「無相、無願、無生、無作、無起」，見出一切「有為法道」，為具足諸佛法故，勤行精進，如救頭然。

　　伍是菩薩智慧，無能沮壞，以是通達智慧，能出「三界」，亦不依止「三界」事，斷一切「有為法」中喜，一切「可染、可著」繫縛法中，心不貪嗜；於諸「五欲」，心皆厭離。

　　陸心亦不住「色、無色」界，成就「增上智慧」，成就無量功德，猶如大海。以是智慧，於一切法方便中，無有疑難。

　　柒是人以是智慧，通達三界，於三界中，心無所繫，得是「增上慧」故，說名度「慧根」，得「慧根方便」。

三－38 菩薩應善知眾生「諸根器」，亦能善學分別「諸根器」

西晉・竺法護 譯《持人菩薩經》	後秦・鳩摩羅什 譯《持世經》
壹佛言：<u>持人</u>！何故曰「根」？	壹<u>持世</u>！何故名之為「根」？
貳所曰「根」者：義「無能動」，故曰為「根」。以無所動，無所「逸馳」，故曰為「根」。永不迴還，不依仰人，義「無伴侶」，順隨法教，故曰為「根」。不恥他人，莫能搖者，無所雜錯，故曰為「根」。	貳①「增上義」故，說名為「根」。②「不動義」故，說名為「根」。③「無能壞」故，說名為「根」。④「無能退」故，說名為「根」。⑤「不隨他」故，說名為「根」。⑥「不退轉」故，說名為「根」。⑦「無能牽」故，說名為「根」。⑧「隨順正法」故，說名為「根」。⑨「不貪著」故，說名為「根」。⑩「不雜」故，說名為「根」。
參如是<u>持人</u>！斯則菩薩曉了「諸根」，又復<u>持人</u>！菩薩分別眾生「諸根」，善學「方等」。	參又，<u>持世</u>！菩薩摩訶薩善知眾生「諸根」，亦能善學分別「諸根」。
肆❶知眾生根「染、不染」者，「有欲、無欲」根。❷「有瞋恚、無瞋恚」根。❸「有愚癡、無愚癡」根。	肆❶菩薩知「染欲」眾生諸根，知「離染欲」眾生諸根。❷知「瞋恚」眾生諸根，知「離瞋恚」眾生諸根。❸知「愚癡」眾生諸根，知「離愚癡」眾生諸根。

❹知墮「惡趣」。	❹知欲墮「惡道」眾生諸根。
❺若生「人間」根。	❺知欲生「人中」眾生諸根。
❻知生「天上、十方佛前」根。	❻知欲生「天上」眾生諸根。
❼心明達，若「柔劣」，及「中間」根，悉見知之，「下賤、麁獷」根。	❼知「軟心」眾生諸根，知「上眾生」、知「中眾生」、知「下眾生」諸根。
❽諸根「不具」，若「不損根」，而悉知之。	❽知「壞敗、不壞敗」眾生諸根。
❾諸根「應法」。	❾知「勤修、不勤修」眾生諸根。
❿「有方便」根，「無方便」根，悉復知之。	❿知「巧、不巧」眾生諸根。
⓫「有罪、無罪」根，「猗著、無著」根。	⓫知「有罪、無罪」。「有垢、無垢」。
⓬「危害」根，「無害」根，悉當知之。	⓬知「瞋礙、不瞋礙」。
⓭「隨順」根，「不隨順」根。	⓭知「隨順、不隨順」。
⓮「有礙」根，「無礙」根。	⓮知「障礙、不障礙」眾生諸根。
⓯「欲行」根。	⓯知「欲界行」。
⓰「色行」根，「無色行」根。	⓰知「色界、無色界」行眾生諸根。
⓱「暢」諸善根，「究竟」善根，悉能知之。	⓱知「厚善根、薄善根」。
⓲所「歸趣」根，「仁和」根，處「邪見」根，立「正見」根。	⓲知「畢定、不畢定」邪定眾生諸根。
⓳「慳貪」根，「無慳恡」根，悉能知之。	⓳知「慳貪、離慳貪」。
⓴「卒暴」根，「無卒暴」根。	⓴知「戲調、不戲調」。
㉑「迷惑」根，「不迷惑」根。	㉑知「狂惑、不狂惑」。
㉒「速疾」根，「賢和」根，「忍辱」根。	㉒知「輕躁、不輕躁」。
㉓「瞋恚」根。	㉓知「瞋恚」不忍。

㉔「懷嫉妒」根,「無嫉妒」根。

㉕「具施」根,非具施」根。

㉖「信」根,「無信」根。

㉗「貪欲」根,「離欲」根。

㉘「居家」根,「捨家」根。

㉙「戒具」根,「毀戒」根,悉能知之。「誡戒」根,「無誡戒」根。

㉚「清淨」根。

㉛「忍具」根,「恚恨」根。

㉜「上精進」根,「懈怠」根。

㉝「亂心」根,「取要」根,「定意」根。

㉞「智慧」名根,「失智慧」根。

㉟「具聖明」根,「愚騃」根。

㊱「無所畏」根,「自大」根,離「自大」根。

㊲逮得「道」根,從「邪見」根。

㊳「心安和」根,「放心恣意」根,悉能知之。

㊴「散意」根,「寂靜」根。

㊵「起生」根,「無所生」根。

㊶「清淨」根,「瑕穢」根。

㊷解「明根」,顯「曜根」,「聲聞」根,「緣覺」根,「菩薩乘」根,「佛乘」根,皆曉了知以逮得。

⑮是則謂「得力」而無等侶,無有「放逸」,謂不「迴還」致「善方便」,名曰「意根」。

㉔知「柔軟」能忍。

㉕知深厚「慳」。

㉖知具足「施」眾生諸根。

㉗知「信者」,知「不信者」。

㉘知「恭敬者」,知「不恭敬者」。

㉙知「具足持戒」。

㉚知清淨「持戒」。

㉛知具足「忍辱」。

㉜知「懈怠」,知「精進」。

㉝知「散心」,知「得定」。

㉞知「無智慧」,知「有智慧」。

㉟知「闇鈍」,知「不闇鈍」。

㊱知「增上慢」,知「不增上慢」。

㊲知行「正道」,知行「邪道」。

㊳知「妄念」,知得「念安慧」。

㊴知「散根」、知「攝根」。

㊵知「壞根」、不壞根。

㊶知「淨根」、不淨根。

㊷知「明根」,知發「小乘根」,知發「辟支佛乘根」,知諸「菩薩根」,知發「佛乘根」。

⑮是菩薩得度如是「諸根分別方便」,於如是等眾生,分別「諸根智慧中方便」,不隨他故,說名得「諸

	根方便」。
陸	陸
	①亦名「不為他所牽」。
	②亦名「不可破壞」。
	③亦名「不退轉」。
	④亦名「得方便力」。
	⑤亦名「得人根」。
⑥知諸「天龍神、阿須輪、迦留羅、真陀羅、摩休勒、人、非人」根。	⑥亦名「得諸天龍、神夜、叉乾、闥婆、阿修羅、迦樓羅、緊那羅、摩睺羅伽、人、非人等根」。
⑦最為威尊,無能勝者。	⑦亦名「得最自在」。
⑧莫能動搖。	⑧亦名「得不壞不動」。
⑨所行方便,普度無極。	⑨亦名「到彼岸者」。
㈦奉行勤修如是「像典」,疾逮曉了,於一切法,而得「自在」,旋十方界,無所不濟。	㈦成就如是功德者,於一切法中,疾得「自在力」。

《持世經》兩種譯本對照
第四卷

四—**1** 菩薩應善知「八正道」，「不念、不貪著、不緣、不行、不分別」一切諸見，是名「正見」。若貪著「涅槃見、佛見」，亦名「邪見」

西晉・竺法護 譯 《持人菩薩經》	後秦・鳩摩羅什 譯 《持世經》
	《八聖道分品・第八》
圖佛告持人：何謂菩薩曉了「道」乎？云何致「道」耶？	圖持世！何謂菩薩摩訶薩善能知「道」？
圖若有菩薩奉「八聖道」：	圖菩薩摩訶薩安住道中，何等為道？ 所謂「八聖道分」：
❶一曰「正見」。	❶正見。
❷二曰「正念」。	❷正思惟。
❸三曰「正語」。	❸正語。
❺四曰「正命」。	❹正業。
❹五曰「正業」。	❺正命。
❻六曰「正方便」。	❻正精進。
❼七曰「正意」。	❼正念。
❽八曰「正定」。	❽正定。

	㊢持世！何謂菩薩摩訶薩名為行「八聖道分」？何謂名為得「八聖道分方便」？
㊥何謂「正見」？ 若有菩薩斷除一切諸所「邪見」。	㊥菩薩摩訶薩得「正見」，安住「正見」，為斷一切「見」故行「道」。為斷一切「諸見」故安住於「道」，乃至斷「涅槃見、佛見」。
㊄所以者何？ ❶一切所見，上至「泥洹」，若欲見佛，皆去是等諸「所見」業，乃曰「正見」。 ❷以「無見、不受見」成名諸見。悉無所「猗」、普無所「念」，以「無顛倒、無所、無想」，是曰「正見」。	㊄何以故？持世！ ❶一切「諸見」皆名為「邪」，乃至「涅槃見、佛見」，(若能)破壞一切「貪著」(之)諸見故，(方)名為「正見」。 ❷又無「諸見」，無「取」諸見，「不念、不貪著、不緣、不行、不分別」一切諸見，是名「正見」。
㊅所見「平等」，為何謂也？ 捨世虛妄，以棄「邪見」，以如見除諸所覩，住于「正見」，悉無所著。	㊅以是「正見」，為見何等？ 見一切世間「虛妄、顛倒」，為「諸見」所縛，如是「見」時，名為「安住斷一切見」。
㊐無「想、不想」，不見「泥洹」，遠諸「欲」見，不習諸見。	㊐於是「正見」亦「不念、不見」，不貪著「分別」，乃至「涅槃見、佛見」，為不起「一切見」故行。

四－2 一切法「寂滅」不生不滅，同於「涅槃」。於諸法能

「不正、不邪、不取、不捨」，是名「出世間正見」

西晉・竺法護 譯 《持人菩薩經》	後秦・鳩摩羅什 譯 《持世經》
㊀何謂正見？ 一切寂然無生清涼，亦無所滅等覩無為，本以清淨於一切法無所望，亦無不想，無所不應，是曰「度世（出世間）正見」。	㊀云何名為「正見」？ 一切法「寂滅」，念相「不生不滅」，同於「涅槃」，如是亦「不念、不分別」是一切法。「不念、不分別」不現在前，「不正、不邪」，「不取、不捨」，是名「出世間正見」。
㊁何謂「正見」？ 不得「現在」，亦不「度世」（出世間）。「正見」斷「現世法」（世間法），亦及「度世」（出世間），不想現度。	㊁何故名為「出世間正見」？ ❶是人不得「世間」，不得「出世間」。「度世間」（出世間）已，無所「分別」，是故名為「出世間正見」。 ❷「正見」者，如知見「世間、出世間」亦如是。是人不復分別是「世間」、是「出世間」，斷諸「憶想、分別」，名為「出世間正見」。
㊂除一切想，不得「等、邪等」諸不等，斷諸「等」行，是名「度世」（出世間），乃曰「正見」。如是一切悉「無所生」，故曰「正見」。	㊂是人「不見邪、不見正」，斷一切心所念，名為「正見」。又「正見」者，於諸法中，更無差別，是故說名「正見」。
㊃見所真諦，「正見」無邪，是曰「正見」。	㊃又「正見」者，如實知諸「邪見」義。又「正見」者，觀諸「邪見」，即是「平等」。

㊄如是持人！菩薩大士所行「正見」。	㊄是名菩薩摩訶薩安住「正見」。

四-3 一切「思惟」皆為是「邪」，乃至「涅槃思惟、佛思惟」，皆是「邪思惟」。若人安住「正思惟」時，則離一切「邪、正」

西晉・竺法護 譯 《持人菩薩經》	後秦・鳩摩羅什 譯 《持世經》
㊀何謂「正念」？如「真諦」解一切所念，皆是「邪想」，及思「無為、佛法聖眾」。	㊀持世！菩薩摩訶薩住「正見」中，如實知「正思惟」，作是念：一切「思惟」皆為是「邪」，乃至「涅槃思惟、佛思惟」，皆是「邪思惟」。
㊁所以者何？ 斷一切想，所思平等，是念故「正念」，以無象相曰「正念」。	㊁何以故？ 斷諸「分別」，名為「正思惟」，無所「分別」，名為「正分別」，斷「分別」是「正分別」。
㊂所以者何？ 消一切思名「察正」，則無有「邪」，不復「懷想」，乃住「正念」，不得所思，離「邪、正」想，故曰「正念」。	㊂何以故？ 是人知見一切「思惟」相已，則無有「邪」。是人更不分別「是此、是彼」，住如是「正分別」中。更不得諸分別「若正、若邪」。如是之人，離諸「分別」，過諸「分別」，故說名「正思惟」。
㊃以除「諸想」等，棄「眾念」，	㊃「正思惟」者，即是分別知見，

捨「虛、顛倒」，消「想、不想」等一切念。	（所有）一切分別皆「虛誑不實」，從顛倒起，諸分別中無有（真實之）「分別」。是人（若能）安住（於）「正思惟」，（則）更不得分別「若正、若邪」。❶離諸分別、❷過諸分別、❸斷諸分別故，說名「正分別」。
⑤不猗諸念，除諸想，故曰「正念」。	⑤是人爾時於一切分別中，無所「繫縛」，知見諸分別性皆「平等」故，是名「安住正思惟」。

四－4 一切語言皆「虛妄」不實，從「顛倒」生起，但「憶想、分別」，從「眾因緣」而假名有「語言」

西晉・竺法護 譯《持人菩薩經》	後秦・鳩摩羅什 譯《持世經》
壹何謂「正語」？一切言辭皆為「虛妄」，處在「顛倒」，悉皆「惑想」，見於「平等」。	壹持世！菩薩摩訶薩勤集「正語」，是人見一切語言，虛妄不實，從「顛倒」起，但「憶想、分別」，從「眾因緣」有。
貳心自念「言辭」，正斷一切「言辭」所宣，故曰「正語」。（語）言（乃）「無所湊、無去、無來」，所見如是，（平）等無有異。	貳作是念：是語言相，「語言」中不可得，滅一切「語」，如實知一切「口業」，名為「正語」。是「語言」（乃）「無所從來」，亦「無所去」。能如是見者，名為「正語」。

㊌已逮「正語」，口之所宣，皆實至誠，故曰「正語」。	㊌是人爾時安住「實相」中，有所語言，皆是「正語」，是故說安住「正語」中。
㊍口言清淨，所住之處，斷一切教，「言辭」辯才，心中覺了，口無所宣，悉捨「邪言」，住於「正語」。	㊍是人得住第一清淨「口業」，亦知見諸「口業相」，亦通達一切語言，是人所說，終不有邪，是故說名住於「正語」。

四－5 如實「知見」一切業故，如實於法中而「無取、無捨」，是名為「行正業」

西晉・竺法護 譯《持人菩薩經》	後秦・鳩摩羅什 譯《持世經》
㊀何謂「正業」？以住「正業」，皆知一切「衆邪」之業，其一切業「不真、不諦」，本無所作。	㊀持世！菩薩摩訶薩善知一切「語業」皆是「邪業」。知一切諸業，「虛妄」無所有，「不作、不起」。
㊁所以者何？一切諸業，無有「至」竟，業悉「散」，故曰「正業」。	㊁何以故？諸業中無一「決定」，滅一切業，名為「正業」。
㊂不於「正」、不於「邪」，不於「是」、不於「非」，無「想、不想」，皆㊌度衆業，不造「正、邪」等逮諸業，無「作、非作」，故曰「正業」。	㊂「正業」者，於業不分別「若正、若邪」，入諸業「平等」故，不分別業「若正、若邪」，是故說名「正業」。

㉔皆能(平)等說「邪、正」諸業，如「真諦」解一切諸業。	㉔又「正業」者，則是不繫「三界義」，如實「知見」義，如實平等中，更無分別「是正、是邪」。
㉕亦「真諦」見，無「應、不應」，是謂「正業」。	㉕菩薩行如是「正業」，如實「知見」一切業故，如實於法「無取、無捨」，是故說名「行正業」。
㉖其以「正行」，無有「邪業」，(平)等見諦行，故曰「正業」。	㉖「正業」中無有「邪業」，是人如實知見故，說名住於「正業」中。

四－6 若著有「命相、法相、取相」，乃至「涅槃相、佛相、清淨佛法相」，住於是中而仍作「清淨命」，此皆名「邪命」

西晉・竺法護 譯 《持人菩薩經》	後秦・鳩摩羅什 譯 《持世經》
❶何謂「正命」？知一切命皆墮「反邪」。	❶持世！何謂菩薩摩訶薩善知一切「諸命」皆是「邪命」。
❷所以者何？ 其想有「命想」，有「萬物」而懷「妄想」，「無為、泥洹清淨」之想，及「想見佛」。一心清淨，以住是中，欲以「淨命」，皆墮「邪業」。	❷何以故？若有「命相、法相、取相」，乃至「涅槃相、佛相」，乃至「清淨佛法相」，住於是中作「清淨命」，皆名「邪命」。
	❸「正命」者，捨諸「資生」所著，

肆一切諸命，若「正性命」，不以為「邪」，不以懷「正命」，是曰「正命」。

伍言是「邪命」，逮一切命，悉成「清淨」，是曰「正命」。

陸解一切命，無有「正、邪」者，住淨命行，無有「放逸」，無「正、邪」命，無「雙」、無「隻」，無「應、不應」，是曰「正命」。

柒無住「邪」者，逮得淨命，無有「命想」，「無善、無言」，無「命、不命」，(平)等行「真正」，而見「不虛」，是曰「正命」。

斷諸「販賣」，不分別、不戲論，過一切「戲論」，是名「正命」。

肆「正命」中，更不分別是「邪命」、是「正命」，即得一切「清淨命」，是故說名得「清淨正命」。

伍又一切諸命皆「不生」，無有「邪、正」，是人名為得「清淨命」，安住「正道」，無有「戲論」，住是「正命」中。

陸不取「正命」，不捨「邪命」，是故說名住「正命」中。

柒是人爾時不名「住正」，不名「住邪」，得「清淨平等命」，離於「命相」，無動無作。不念「命」、不念「非命」，但名為「如實知」者，「如實見」者，是故說名住「正命」中。

四－7 「正精進」者，於一切法中乃「無發、無作、無行、無願」。不復分別是「邪精進」、是「正精進」，方是真正之「正精進」

西晉・竺法護 譯《持人菩薩經》	後秦・鳩摩羅什 譯《持世經》
❶何謂「正方便」？棄「眾邪便」。	❶持世！何謂菩薩摩訶薩善知「正精進」？菩薩摩訶薩住「正精進」。若菩薩為斷一切（邪正）「精進道」故，名為「住正精進」。
❷所以者何？ 一切「方便」，皆墮「反邪」，「方便」所在，心在「結著」，是曰「邪便」。	❷何以故？ 一切「精進」，皆為是「邪」，諸有「所發、有作、有行」，皆名為「邪」。
❸所以者何？ 一切諸法，無「真、邪」便，所行「方便」，則「不真正」，其「不真正」，名「邪方便」。	❸何以故？ 一切法皆是「邪作」，有所「發、作」，皆是「虛妄」，若「虛妄」者，即亦是「邪」。
❹「無（真邪）方便」矣，無「究竟」、無「言辭」。	❹「正精進」者，「無發、無作、無行、無願」，一切法中，斷「有所作」。
❺斷「諸方便」，彼「無所有」，棄「泥洹想」，無「佛法想」。知行方便，一切方便，悉不「真正」，至「無（真邪）方便」。	❺是菩薩於一切法中，斷「有所作」，乃至「涅槃相、佛相」中，不生「有所作相」。是人善知一切所作，皆為「虛妄」，為「無所作」故行道。
❻其以「平等」，則無「方便」，等一切法，無有若干，無有「方便」，超越「方計」。	❻若是「正」者，則「無所作」，一切法「平等、無差別」，無有所作，過「所作相」。

㊅所有方義，則無所計，無「應、不應」，是「正方便」。 ㊆方便叵ᵃˣ（不可）得，此之謂也，所言方便，是謂「定意」（禪定），斷諸方便，謂眾「真諦」。 ㊇（平）等見如是，不想「方便」，以「無所想」，是「正方便」。	㊅是菩薩善知「精進」，非是「精進」道，「不取、不捨」，故說名「住正精進」。 ㊆「正精進」者，即是諸「精進」不可得義，即是諸法「如實知見」義。 ㊇所謂「正精進」如是見者，不復分別是「邪精進」、是「正精進」，是故說名「正精進」。

四－8 一切念皆從「虛妄因緣」生起，若有生起「念處」，皆為「邪念」。若於處所「無生、無滅、無念、無正念、無邪念」，是名真實通達「正念」

西晉・竺法護 譯 《持人菩薩經》	後秦・鳩摩羅什 譯 《持世經》
㊀何謂「正意」？一切所念，皆為「邪想」，意之所念，皆是「邪思」。 ㊁所以者何？ 一切墮「邪」，彼若「意」生，皆為「邪」，意「無所念」。	㊀持世！何謂菩薩摩訶薩善知「正念」？ 菩薩摩訶薩，知見一切念，皆是「邪念」，有所念處，皆是「邪念」。 ㊁何以故？ 一切念是「邪念」，若於「處所」念生（起），皆是「邪念」，「無憶、無念」

是名「正念」。

㊂所以者何？
一切所念，從「因緣」生，所曰「因緣」，皆曰「邪」矣。其意所念，「不起、不滅」，是曰「正念」，所以名「正念」。

㊃若無「意念」住處發起業，不「意、無意」，意「第一淨」。無「邪意念」，皆斷眾思，其以邪者，悉無「意念」，是住「正意」。

㊄其「正意」者，不正、不邪、正念、邪念，除一切「意」諸念思想，所曉了者，心不起亂，常行「六事」，曰「住正意」。

㊅「意」未曾生，有「意、未意」相，解一切「意」，皆了「諸意」，暢如「真諦」。不復「思念」有「意、無意」，「應」與「不應」，是住「正意」，無「意」、無「邪」。

㊆念于等行，無「念、不念」，無「因」、無「思」，無所「惟念」，一切無「望」，逮致「無言」。無「意、不意」，住「思」平等，無言無說，棄

㊂何以故？
一切念從「虛妄因緣」起，是故有生(起)「念處」，皆為「邪念」，若於處所「無生、無滅」是名「正念」。

㊃無有「處所」(生)起「念業」，是名「安住清淨念」中，無處生「邪念」。是人知見一切法皆為是「邪」，是「正法」中「無念」，是故說「安住正念」中。

㊄又「正念」者，(若人)於法無有「分別」是「正念」、是「邪念」，(則)是人(己)通達一切念皆「無念相」，常行「六捨」心故，說名「住正念」。

㊅是人更無所「貪樂」，亦不分別是「無念」，以諸法「平等」，通達一切念，是人「如實」知見「一切念」故，若「念」、若「非念」，「無取、無捨」，是故說安住「正念」中。

㊆是人所念，更不分別是「等」、是「不等」，於「念、非念」，不隨、不緣，以「無緣」故，知一切念「非念」。若「念」、若「非念」，不復在

一切辭，解如「真諦」，普無宣教，「無思、無想」，是乃名曰「住于平等」。	「心」，是人安住「正念」故，「不可說、不可示」。斷一切「語言」，離一切「語言」，如實知一切「語言」，不分別「此、彼」故，說名「安住正念」。

四－9 不「貪著」，不分別「此、彼」，斷「貪著」喜，不受「定味」。心無所住，是名「正定」

西晉·竺法護 譯 《持人菩薩經》	後秦·鳩摩羅什 譯 《持世經》
⑤何謂「正定」？見一切定，皆為「邪定」。	⑤持世！何謂菩薩摩訶薩安住「正定」？ 菩薩摩訶薩觀一切「定」，皆是「邪定」。
㊬所以者何？ 若受「三昧」因緣之想，望正著除，斯皆「邪定」，所謂取反，此定不真。	㊬何以故？ 凡諸法中，所取「緣定相」，所取「知定相」，所取「三昧戲論定相」，皆名為「邪」，「邪」者即是「貪著」義。
㊂若於「諸受」而「無所受」，又不懷求「三昧定想」，無出家教，無「念定意」。其無所猗，無作、無暢，消斷「喜悅」，永密「安樂」，分別定相。於三昧定，而「無所住」，是乃名曰「正定三昧」。	㊂是定不爾，如所緣「取相、不取相」，「無求、無戲論、無憶念」，名為「正定」。 若不「貪著」，不分別「此、彼」，斷「貪著」喜，不受「定味」，壞取「定相」，心無所住，是名「正定」。

㈣所謂「正定」，於一切定而「無所著」，則「無放逸」，明了如慧，曉達「定意」，不猗「定行」，而無希念，等消「正行」。如以是者，無「想、不想」，不「想、無想」，乃曰「正定」。

㈤無「正」、無「邪」，一切無「望」，以斷「諸想」，並滅「眾希」，乃曰「正定」。

㈥所云「定者」，無「正、邪」定，心無所生，不「正、無邪」，無「正定」、無「邪定」。

㈦所以者何？
❶以能覺解方便諸定，乃住「正定」，無三昧想。不積「平等」，普曰一切，乃曰「正定」。

❷其不馳騁，不造等逸，若等若邪，普等諸法。

❸一切「定意」，以存「正受」。
❹一切「三界」皆是「有為」，所思「真諦」，以「慧觀」見，一切「五趣」，往來所生。

㈣又「正定」者，不依止一切「定」中而不「戲論」，如實通達「法之本體」，善知「定相」，心不「貪著」，欲破「彼、此」念道，如是語，亦不分別，斷一切「分別」故，名為「正定」。

㈤又「正定」中，更不生「邪、正」想，「破」一切想，「斷」一切想，「滅」一切想故，名為「正定」。

㈥「正定」者，不生「邪、正」，不分別「邪、正」，是名「正定」。

㈦何以故？
❶是菩薩通達諸定方便，住是「正定」中，不復為「若定、若定相」所繫，過諸「定相」故，說名「正定」。

❷「正定」名於法，無所「戲論」，諸法「平等」中，無有「戲論」，所謂「是正、是邪」。

❸「正定」者，即是諸法「平等」義。
❹「正定」者，能出諸「禪定」三界一切「有為法」，能如實知見一切「五道生死義」。

㉛佛言：<u>持人</u>！如是菩薩，曉了「道義」，以逮如斯，剖判道趣。若斯聖業，解暢「真諦」，乃曰「正定」。	㉛<u>持世</u>！是名諸菩薩摩訶薩住如是「定」中，名為「得正定方便」，名為善知「道」、善知「道方便」，所謂「如實」知見，能至「涅槃道」。

四－10 凡所有法，皆由「憶想、分別、顛倒」生起，從「眾因緣」生

西晉・竺法護 譯《持人菩薩經》	後秦・鳩摩羅什 譯《持世經》
《世俗度世品・第十》	《世間出世間品・第九》
壹佛告<u>持人</u>：	壹<u>持世</u>！
❶菩薩何謂菩薩得曉了知「現世(世間)、度世(出世間)」經典之要？	❶何謂菩薩摩訶薩善知「世間、出世間」法？
❷云何名曰「現世(世間)、度世(出世間)」？	❷何謂得「世間、出世間」法方便？
❸若有菩薩常順思惟「現世(世間)、度世(出世間)」，云何「順思」？何謂「現世法」(世間法)？何謂「度世法」(出世間)？	❸<u>持世</u>！菩薩摩訶薩正觀「世間、出世間」法，何等為「世間法」？
貳若有住於「顛倒法」行，皆從「想」有，由「因緣」生，合於「虛妄」。有「二緣」立，從「二想」生，一從「虛妄」，二從「無生」。	貳菩薩作是念：凡所有法，(皆由)「憶想、分別」，從「顛倒」起，「眾因緣」生，繫「虛妄緣」，從「二相」起，空無所有。
參其虛妄語，欺迷惑法，得愚冥	參如「虹」雜色，亦如「火輪」，

想，猶如小兒，執若干種畫於虛空，虛妄經行，愚冥凡夫。想云「有世」，計其「世俗」(世間)，皆歸「壞敗」，糜散悉盡，以見一切。

㊃「世俗」(世間)諸法，從虛欺惑，所因「無作」，本無所生。「(五)陰、(十八)種、諸(十二)入」皆從「緣對」，「色、聲、香、味、觸」，由「因緣法」，不說「色緣」。

㊄猶愚凡夫，心有所猗，所以諸見，因無數見，而有「猗著」。若彼種性，放存窮匱，令「世間」見，處在「顛倒」。

誑於「凡夫」，破壞義故，假名「世間」，是名「世間」。

㊃諸「世間法」，皆非是「實」，從「虛妄緣」起，「不作、不起」相，但因「(五)陰、(十八)界、(十二)入」，「色、聲、香、味、觸、法」故說，因(種種)「名色」(名稱色相)故(作如是)說。

㊄隨凡夫人，心所「貪著」，又隨種種貪著「邪見」，如亂絲無緒，如茅根蔓草，互相連著，隨「顛倒」相應故，說名「世間法」。

四－11 無真實之「五陰、十二入、十八性」，「無分別、無名字，無性、無相、無行」，即名為「出世間」

西晉・竺法護 譯《持人菩薩經》	後秦・鳩摩羅什 譯《持世經》
㊀所覩「世法」(世間法)、度世(出世間)，在彼為何所是？「世俗」(世間)之法，「真諦」如有，達其本淨，是為「度世」(出世間)。	㊀何等為「出世間法」？如是「世間法」，從本已來，「如實」性離，是名「出世間」。
㊁	㊁何以故？

明不求世，了不可得，「度世」(出世間)亦然， 若不能得「現世(世間)、度世(出世間)」，無「現世」(世間)及「度世」(出世間)業，宣其「度世(出世間)、現世(世間)」本淨。	智者求「世間法」不可得，求「出世間法」不可得。無「世間」、無「出世間」，處是中無「分別」，是「世間」、是「出世間」。
㈢何謂宣布「度世」(出世間)之業，若世本淨，至于「度世」(出世間)。所以者何？ ❶永不可得(其「定相」)。 ❷「現世」(世間)本淨悉空，其世亦然。 ❸本以自然，世本淨寂，以世自然，世淨「寂然」，計「世俗法」(世間法)，無究竟成。	㈢但為「世間」故，說「出世間」，「世間」實相，即是「出世間」。何以故？ ❶「世間」無「定相」可得。 ❷「世間相」從本已來「常空」，世間法「不決定」故。 ❸「世間」從本已來是「寂滅相」。
㈣當作是觀，「現世(世間)、度世(出世間)」悉不可得，不得「度世」(出世間)、不著於世、不念「度世」(出世間)，以不念世，及「度世」(出世間)者，不與世諦。	㈣是菩薩如是觀「世間、出世間」，不可得「世間」，亦不貪著「出世間」。是人不念不著「世間、出世間」故，不與「世間」諍訟。
㈤所以者何？ 以覺曉了「世間」悉虛，欺詐惑法，以能覩見世猗虛無，不想於世，不慕「度世」(出世間)。	㈤何以故？ 智者通達「世間」是「虛妄相」，見「世間」實相故，更不分別是「世間」、是「出世間」。
㈥所以者何？ 佛言：持人！所云「世」者？謂「五	㈥何以故？ 持世！「世間」者，即是「五受陰義」，

盛陰」也，貪求合會，一切世法。	一切世間法皆攝在中。
㊋明知「求陰」永不可得，「五陰」自然而不可得，「五陰」本淨亦不可得，「五陰」無來去，無所至，湊處不可得，是曰「度世」（出世間）。 不知「五陰」所歸處所也，以無「五陰」諸種本淨，及諸衰（十二）入之本淨也。	㊋智者求「陰」、不得「陰」，不得「陰性」、不得「陰來處」，不得「住處」、不得「去處」。無「五陰、十二入、十八性」，「無分別、無名字，無性、無相、無行」，即名「出世間」。

四－12 「世間」與「出世間」乃「非合非離、不二、無分別」，需「如實」證知此法

西晉・竺法護 譯 《持人菩薩經》	後秦・鳩摩羅什 譯 《持世經》
㊀若有菩薩觀於「世俗」（世間）之法： ❶悉無所見，以合「度世」（出世間），不見「度世」（出世間），不與世合。 ❷則無有世，惟覩「度世」（出世間），在于「度世」（出世間），不見世法。 ❸而有異持也，不轉「二法」，云是「世俗」（世間），是「度世」（出世間）法。 ㊁所以者何？	㊀持世！菩薩觀「世間、出世間」法時： ❶不見「世間」與「出世間」合（→不即也），不見「出世間」離「世間」（→不離也）。 ❷是人不離「世間」見「出世間」，亦不離「出世間」見「世間」。 ❸是人不復緣於「二行」，所謂是「世間」、是「出世間」。 ㊁何以故？

持人！其所在世，解世本末，本無所有，「度世」(出世間)亦然。雖見「有世」，悉無「世法」，所作分別，「度世」(出世間)俱同，以了無世。

(參)假使有人，心自念言：「世俗」(世間)別異，「度世」(出世間)不同，則於其人，(其)佛不興世。雖佛出世，普世顛倒，無發道行，用真正解，以慧察世，頒宣(頒布宣諭)經法，處世顛倒，貪受于世，而救濟之，故曰「度世」(出世間)也。

(肆)是故持人！用真正解，以「慧」察之，曉了世倒(世間顛倒)，故曰「度世」(出世間)也。

(伍)如來出世，普通諸法，「世俗(世間)、度世(出世間)」，皆無有二。以真正慧，觀察造證，故為宣布「度世」(出世間)之法。

(陸)佛言：持人！不以是法，遊於「世間」，無所「至湊」，無所「消除」，不猗世諍，乃得世義。不念「度世」(出世間)，曉了「世辭」，達本所想，

持世！「世間」(之)「如實」相，即是「出世間」。「世間」中(之)「世間相」不可得，「世間」法中(之)「世間法」不可得，以「無所有」故，通達是法，即是「出世間」。

(參)持世！若「世間」與「出世間」(有)異者，諸佛(便)不出於世；諸佛亦不說一切「世間」(乃)不可得(相)。一切「世間」(乃)「不生」，(故需)「如實」知見一切世間。

(肆)持世！若不得「世間」、不取「世間」，即是「出世間」。是故當知，(需)「如實」知見「世間」，(需)通達「世間」(之)不可得故，即說(為)「出世間」。

(伍)是故諸佛出於「世間」，一切諸法「若世間、若出世間」，以(世間與出世間乃)「不二、不分別」，(需)證「如實」知見故，即是說「出世間法」。

(陸)持世！如是「世間」甚深，難可得底。依「世間法」者，得「世間法」者，悕望「出世間法」者，於「世俗語」生「第一義相」者，(若)住在

以著想二，不解能達如是「像法」，則無濟者，不能解了，不暢「度世」(出世間)。	「二法」者，(便)不能得入如是法中。
(柒)所以者何？ ①用「二行」故。 ②其「二行」者，不能解了，「世俗(世間)、度世(出世間)」。	(柒)何以故？ ①是人不(如實)知「世間」，不(如實)知「出世間」，是皆行「二法」者。 ②持世！(若人分別)行「二法」者，(便)不能通達「世間、出世間」。
(捌)菩薩如是方便，曉了一切諸法，「現世(世間)、度世(出世間)」，靡所不達。	(捌)持世！菩薩摩訶薩如是善知「世間、出世間」法，亦得「世間、出世間」法方便。

四－13 諸「有為法」，不在「內、外、中間、合、散」，從虛妄根本「分別」所生起，由「無明」因緣故，皆無所有

西晉・竺法護 譯 《持人菩薩經》	後秦・鳩摩羅什 譯 《持世經》
《有為無為品・第十一》	《有為無為法品・第十》
(壹)佛告持人！何謂菩薩曉了分別「有為、無為」法？云何「有為、無為」法？	(壹)持世！何謂菩薩摩訶薩善知「有為、無為」法？得「有為、無為」法方便？
(貳)若有菩薩以真正覺，「有為、無為」順理求之。云何順理？云何求之？	(貳)持世！菩薩摩訶薩正觀(察選)擇「有為、無為」法，云何為「正觀擇」？

亦不作「有為法」，有「所見」者，自然得號，已造「有為」故曰「有為」，又「有為法」以「虛偽」轉(起)。

❶是「有為法」，無有「作者」、無有「受者」。

❷是「有為法」(乃)「自生、自墮數」中，是故名「有為法」。

❸是「有為法」以「虛妄因緣」和合行。

㊂云何為「轉」？
由已合會，自然歸之，以「二緣」立，緣本際教，用以所有，「自因」而生。一切諸法，無為「作者」，勸「使作者」，「自然」生已，是「有為法」，斯自然法，無有「迴還」，故曰「有為」。

㊂云何為行「自墮數」中？
以「二相緣知」故，名「有為法」生，是法無有「作者」、無「使作者」，是法「自生」，無能「起作者」，是故說名「有為法」。

㊃其「有為法」，無「內」、無「外」、亦無「中間」，住存欺惑，無「合」、無「散」，由從「虛妄」思想興立。從「無明」緣生，「愚癡」業，有一切法，自然轉行，無教造行。從「有為」事，受其相業，因其顛倒，以愚凡夫，猗名之故。

㊃是諸「有為法」，不在「內」、不在「外」、不在「中間」，不「合」、不「散」，從虛妄根本「分別」(所生)起，(由)「無明」因緣故，皆無所有。(「有為法」)但以諸行力故「有用」，是(有為)法無有「作者」、無有「起者」，是名「有為」。「有為」者，即是「繫」義，隨凡夫顛倒所貪著說。

四－14 非離「有為法」而得「無為法」，亦非離「無為法」而得「有為法」。「有為法」之「如實」相，即名為「無為法」

西晉・竺法護 譯《持人菩薩經》	後秦・鳩摩羅什 譯《持世經》
㊠又明智者，覺了「有為」不可得邊，不猗「有為」，無合「有法」，乃曰「明智」。	㊠智者通達不得「有為法」，不得「有為」所攝法，智者所不數，故名「有為法」。
㊡明智分別至實，有所造行，滅一切「為」。	㊡何以故？諸智者不得「有為」分別，為凡夫世俗「假名」故，分別是「有為」。
㊢明智剖判，一切諸行，虛無欺詐，是諸法者，悉「無所有」。咸為自然，亦無自然，從「意念」成一切「有為」。	㊢賢聖不隨一切「諸法名數」，諸賢聖離「諸法名數」，是故說得「無為」者，名為「賢聖」。智者通達一切「有為法」皆是「無為」，是故不復起作諸業。智者知見一切「有為法」起相虛誑妄想，是故不復起作「有為」。何以故？「有為法」無有「定性」，一切「有為法」皆「無性、無起作」。
㊣所以者何？不當奉行「有為」因緣，或曉「無為」。未曾復習「有為」緣行，若曉「無為」爾乃通耳。	㊣何以故？持世！無有行(執)「有為」緣，而能通達「無為」；(若有)通達「無為」者，更不復緣「有為」。
㊤云何曉之？一切「有為」皆為「不真」，而無有形，悉無「邊際」，無至「合會」。明智觀之，不以「有為」至生究竟。	㊤云何為通達？智者見一切「有為法」皆「虛妄」，無有根本，無所繫屬，不墮數中。如是觀時，不復貪著「有為」緣，

	亦不取「有為法」。
㊄ 其「有為」者，亦無「所受」，悉以「無異」，「有為、無為」，亦復「無異」生。	㊄ 何以故？ 持世！非離「有為」(而)得「無為」，非離「無為」(而)得「有為」。「有為」(之)「如實」相，即名「無為」。
㊀ 宣斷「有為」業，是「有為」、是「無為」，(或說)斯「有為」相、斯「無為」相。彼何謂「有為」相？知生當「死」，「合會」別離。	㊀ 何以故？ 「有為」中無「有為」，「無為」中無「無為」，但為「顛倒」相應眾生，令知見「有為法」故，分別說是「有為法」、是「無為法」；(分別說)是「有為」相、是「無為」相。於是中何等為「有為」相？所謂「生、滅、住異」。

四－**15** 若人通達知見「有為、無為」法，是人更不復有「生、滅、住異」三相

西晉·竺法護 譯 《持人菩薩經》	後秦·鳩摩羅什 譯 《持世經》
㊀ 何謂「無為」相？ 「不生、不滅、不會、無別」。愚冥凡夫，不能解了，入斯二義，不曉「有為」。	㊀ 何等為「無為」相？ 所謂「無生、無滅、無住異」，是「有為相、無為相」，但(只)為引導凡夫故(作此)說。
㊁ 所由起相，及滅壞相，不住「異相」。	㊁ 持世！「有為法」(乃)無「生相」、無「滅相」、無「住異相」，是故說「生、

因無相「生」，住於「異」也。若無是「相」，如來所說，從是相「生」，從是相「滅」，「住」如是相。

（參）佛言：持人！如來所云，一切諸法皆無「有相」，以能得成，無所「生相」，無「滅壞相」，無所「住相」。如來敷演「無為」之相，是相「非相」，其「有為相」不成「無為」導師。

（肆）所以愚冥凡夫，所宣道法，「有為」所起，會歸「滅盡」。

（伍）惟「無為」安以能「無為」，「不生、不滅」，亦無所「住」，故曰「無為」。

（陸）從其所習，而令「生滅」，其無所習、則無「究盡」，無「行」、無「究」、無「異住」處。

滅、住異」相，無相、無生。若是「有為法」定有「三相」，佛當決定說。如是相是「生」，如是相是「滅」，如是相是「住異」。

（參）持世！如如來說一切法皆是「無相」。持世！「無生」若當有相，「無滅」若當有相，「無住異」若當有相，佛應決定說是「無為相」。持世！若「無為」（是）「有相、有說」，即非（真實之）「無為」，以說（有）「相」故。

（肆）但凡夫以「數法」故，說「有為」三相，所謂「生、滅、住異」。「無為」三相，所謂「無生、無滅、無住異」。

（伍）持世！若人通達知見「有為、無為」法，是人更不復有「生、滅、住異」，是故說得「無為」者。

（陸）持世！「生滅」者，即是見「集、沒」義，若法無「集」，則無有「沒」。若不起「集」，則不有「退」，亦無「住異」。持世！是名「有為」如實知見。

四－*16* 諸法無所「住、繫」，亦不「貪受」諸「有為法、無為法」

西晉・竺法護 譯《持人菩薩經》	後秦・鳩摩羅什 譯《持世經》
❶其以真正，解其斯慧，不致「合會」，有所起「生」、而有「滅」也，無有「異住」。	❶若人如實知見「有為」，則不墮「數」中，所謂「生、滅、住異」。
❷若有菩薩當作是觀，其「有為法」及「無為法」，無「有」、不「無」，常見如應，不覩「有為」及「無為法」。「有為」不見「無為」，「無為」不見「有為」，不見異「無為」。	❷菩薩如是思惟「有為、無為」法，不見「有為法」與「無為法」合，亦不見「無為法」與「有為法」合。
❸而自謂念：我身有矣，真有正是見「有為」業，無餘「有為」是諦有耳，思念妄想，其「有為、無為」法，永無所想。	❸但作是念：「有為法」（之）「如實」相，即是「無為」，則更不復有所「分別」。
❹「有為、無為」，以無所「想」，分別諸想，皆斷「諸著」，以了「無為」。除去眾緣，本淨無緣，其因本淨，所覩「真正」，以能曉了，悉無所作，則無「合、會」。	❹若不分別「有為、無為」法，即（真）是「無為法」。若分別是「有為」、是「無為」，則不能通達「無為」。斷一切「分別」，是名通達「無為」，如實通達「緣」性，斷諸「緣」故，不在「數」，不在「非數」。
❺菩薩能逮是「有為、無為」，則了諸法「不有、不無」，亦復不猗「有	❺持世！是名菩薩摩訶薩「有為、無為」法方便，所謂於諸法無

為、無為」，乃逮「正覺」也。	所「住」、無所「繫」，亦不「貪受」若「有為」、若「無為法」。

四－*17* 若能善知「五陰、六入、十二處、十八界、十二因緣、四念處、五根、八聖道、世間、出世間、有為、無為」者，當得善知「諸法實相」

西晉·竺法護 譯《持人菩薩經》	後秦·鳩摩羅什 譯《持世經》
	《本事品·第十一》
🈩佛告持人：若有菩薩：	🈩持世！若菩薩摩訶薩能如是：
❶分別「五陰」。	❶善知「五陰」。
❷曉了「諸種」(十八界)，解達「六入」。	❷善知「十八性」。
❸以能暢知「十二緣」。	❸善知「十二入」、善知「十二因緣」。
❹剖判「四意止」(即「四念處」)。	❹善知「四念處」。
❺「五根、八(正)道」。	❺善知「五根」，善知「八聖道分」。
❻能覺「世俗(世間)、度世(出世間)」之業。	❻善知「世間、出世間法」。
❼明知「有為、無為」之事。	❼善知「有為、無為」法。
🈔以曉了是，逮解一切諸法之「無」，宣布諸法所不達，得「意力勢」(念力)，解暢一切「諸法章句」，斷生老死心，不能絕壞，能自究竟「無上正真道」，成「最正覺」。	🈔當得善知「諸法實相」，亦善分別「一切法」，文辭章句，亦得念力；以是「念力」，「轉身」成就「不斷念」，乃至得「阿耨多羅三藐三菩提」。

四－18 過去無量阿僧祇劫有佛，號閻浮檀金須彌山王如來，為諸菩薩說「斷眾生疑　菩薩藏經」

西晉・竺法護 譯《持人菩薩經》	後秦・鳩摩羅什 譯《持世經》
《寶光菩薩品・第十二》	
㊀佛告持人：乃往過去無央數劫，不可稱計，懸曠無限。爾時於世有佛，號紫金山王如來、至真、等正覺、明行成為、善逝、世間解、無上士、道法御、天人師、為佛、世尊。	㊀持世！過去無量阿僧祇劫，爾時有佛，號閻浮檀金須彌山王如來應供、正遍知、明行足、善逝、世間解、無上士、調御丈夫、天人師、佛、世尊。
㊁其紫金山王如來，壽住「五劫」，諸「聲聞眾」不可計數。諸「菩薩會」亦不可限，無能稱了，知其多少。	㊁持世！是閻浮檀金須彌山王佛，壽命「五劫」，有無量「聲聞眾」。
㊂其土熾盛，風雨時節，五穀豐熟，人民安寧，強不凌弱，各得其所，心行平等，飲食消化，不以為病。「婬、怒、癡」薄，善自修身，家居義教，順「律」清淨。	㊂其佛國土，清淨嚴飾，豐樂安隱。其諸眾生，具足「快樂」，少於「貪欲、瞋恚、愚癡」，「易化、易度、易淨」。
㊃彼時(紫金山王)如來，為諸菩薩一切眾生，決諸「疑網」，令無「懷恨」，頒宣(頒布宣諭)「菩薩道法之藏」。	㊃持世！是閻浮檀金須彌山王佛，為諸菩薩亦說是「斷眾生疑　菩薩藏經」。

四－19 時有寶光菩薩，得聞「五陰、六入、十二處、十八界、十二因緣、四念處、五根、八聖道、世間、出世間、有為、無為」法，便發大精進

西晉・竺法護 譯《持人菩薩經》	後秦・鳩摩羅什 譯《持世經》
㊀時有菩薩名曰<u>寶光</u>，聞佛說是諸「菩薩」業，解(五)陰衰、(十二)入、諸種十八、十二緣起，諸根「意止」(即「念處」)，八正道行，「世俗(世間)、度世(出世間)」，「有為、無為」，即輒奉受。	㊀持世！時有菩薩，名曰<u>寶光</u>，聞是「(五)陰、(十八)界、(十二)入」，緣「四念處、五根、八聖道分」，「世間、出世間」，「有為、無為」法方便。
㊁如是精進，「十二億」歲，未曾發起「婬、怒、癡」心，不貪「利養、飲食、衣服、床蓐、臥具、病瘦、醫藥」，惟心精修。	㊁即時發於精進，二十億歲，終不生「惡心」。若「貪欲」、若「瞋恚」、若「愚癡」，若「利養」、若「飲食」、若「衣鉢」，但為入如是法方便門故，常勤精進。
㊂入如是像，曉了思惟，常修精進，盡其形壽，淨修「梵行」，在其佛所。壽終之後，還生本土，在於人間，適生墮地，便復「出家」，復受學斯。	㊂持世！是<u>寶光</u>菩薩，於<u>閻浮檀金須彌山王</u>佛所，盡其形壽，常修「梵行」，命終之後，還生其佛國土人中。
㊃如是像法，曉了奉行，復在於	㊃(寶光菩薩)年少命終，即復還生

彼「六十億歲」，淨修「梵行」，心不捨遠。如是像法，慕求不廢，復壽終竟，還生佛國，其紫金山王如來續存，復在其所，淨修「梵行」。	於其佛所，修行「梵行」。
㊄一一劫中，五返生沒，終而復始，其紫金山王如來至真，臨欲滅度，終「五劫」已。因是景(大)模꜀(法式:規範)，博聞無量，曉了諸法，於「五劫」中，所可聞受。	㊄於一一劫五百生死，最後生閻浮檀金須彌山王佛，欲涅槃時，在「第五劫」成就如是多聞法，亦得如是「諸法實相」方便，所從佛聞諸法，皆能「憶念」。
㊅觀已從佛，諮講解者，逮其意力，觀戴如來，便為眾生一一敷演，開發無量人，皆發「無上正真道意」。	㊅得如是念力故，白佛言：聽我廣演諸法，即於其世中，度脫無量無邊眾生，令住「阿耨多羅三藐三菩提」道中。

四－20 寶光菩薩由無量光佛為其「授記」，將來成佛，號一切義決定莊嚴如來

西晉·竺法護 譯《持人菩薩經》	後秦·鳩摩羅什 譯《持世經》
㊀佛滅度後，「正法」住世一劫，復五百返，往來周旋，生於人間，常「出家」學，奉是景(大)模꜀(法式:規範)，曉了正典，化無央數不可思議眾生之類，皆入至行。	㊀是閻浮檀金須彌山王佛，入涅槃時，為持法故，護念寶光菩薩。佛滅度後，法住「一劫」，是人於是「一劫」，五百世中，常生人間，「出家」學道，亦常於是「諸法實相」得自增長，亦復利益無量無邊眾

生。

㆓寶光菩薩見萬億佛，最後有佛，名<u>無量光</u>如來至真等正覺，所見「授決」，却無數劫，汝當成「無上正真之道」，過無數劫，當復逮見億百千姟兆載諸佛。

㆔逮得「正覺」，號<u>決一切議</u>如來至真等正覺，諸「聲聞眾」不可稱計，難可限量。諸「菩薩眾」無央數人。其國處世，人壽二劫，米穀平賤，人民安隱。

㆕是故<u>持人</u>！菩薩大士，欲逮得是如斯景（大）模ㄇㄛˊ（法式；規範），曉了正典，當「精進」學，受持諷誦是經典要。

㆓<u>持世</u>！是<u>寶光</u>菩薩，如是展轉得值萬億諸佛，末後<u>無量光</u>佛為其「授記」，過阿僧祇劫當得「阿耨多羅三藐三菩提」，於阿僧祇劫中，更值百千萬億那由他諸佛。

㆔後得「阿耨多羅三藐三菩提」，成佛號<u>一切義決定莊嚴</u>如來、應供、正遍知、明行足、善逝、世間解、無上士、調御丈夫、天人師、佛、世尊。有無量無邊阿僧祇「菩薩眾」、無量「聲聞僧」。佛壽二劫，其佛國土，豐樂安隱，普皆莊嚴。

㆕<u>持世</u>！是故菩薩，若欲得如是法中，善知方便，當勤行「精進」勤求，讀誦修集如是之法。

四－21 若欲得「諸法方便」，需於「四法」中勤行「精進」。
❶「出家」 ❷「獨行」 ❸「持戒清淨」 ❹「除懈怠心」

西晉・竺法護 譯 《持人菩薩經》	後秦・鳩摩羅什 譯 《持世經》
㊀佛復告<u>持人</u>：若有菩薩，學是	㊀又復菩薩摩訶薩欲得如是「諸

經典，逮權方便，常修四法。何謂為四？
❶一曰：棄家捐業，行作「沙門」。
❷二曰：捨於憒閙，習在「閑居」。
❸三曰：住「清淨戒」，行不違闕。
❹四曰：去離「懈怠」、「精思」不廢。
是為四。

　㦉以行是四，勤求「博聞」，常立「忍辱」，疾逮四法。何謂為四？

❶一曰：雖生天下，常住「中國」。

❷二曰：因值佛世，不在「邊地」。
❸三曰：常奉「正法」，終無相違。
❹四曰：悉除罪蓋，無復「殃釁」。
是為四。

　㦂若有菩薩學如是像「經典」之要，輒逮力勢：
❶「布施」。
❷清淨「戒禁」。
❸無穢「忍辱」。
❹「精進」。
❺「一心」。
❻「智慧」。
聖明無瑕，以建是法，致「權方便」。

法方便」故，於「四法」中，勤行「精進」。何等為四？
❶一者：「出家」。
❷二者：「獨行」。
❸三者：「持戒清淨」。
❹四者：「除懈怠心」。
是為四。

　㦉菩薩有是四法，勤求「多聞」，安住「忍辱」，當疾得值遇四法。何等四？
❶一者：「生中閻浮提」(喻有佛法之中地)。

❷二者：「得值佛」。
❸三者：「隨法行」。
❹四者：「除罪業障」。
是為四。

　㦂又復持世！菩薩摩訶薩如是法中，應勤行精進：
❶當得清淨「布施力」。
❷清淨「持戒」。
❸清淨「忍辱」。
❹清淨「精進」。
❺清淨「禪定」。
❻清淨「智慧力」。
菩薩摩訶薩住是法中，疾得如是「方便力」。

㈣又復持<u>人</u>！菩薩學斯，立知止足，閑居功德，懷無(過)蓋哀(愍)，愍于衆生，以用「大哀」，入于衆生，然後乃學如是像法，解了要行。	㈣又持<u>世</u>！菩薩摩訶薩，雖行「頭陀」細法，亦能常於衆生有「大悲心」，是人入「大悲心」，於是法方便中，勤行「精進」。

四－22 若能善觀諸法之「無量緣、無量方便、無量方便生起」，即可入「總持門」，獲「諸法實相」

西晉・竺法護 譯《持人菩薩經》	後秦・鳩摩羅什 譯《持世經》
㊀又其菩薩入「總持門」，學於勤修。	㊀持世！復有菩薩摩訶薩欲得如是法，當入諸「陀羅尼門」，勤行精進。
㊁何謂得入「總持門」而學勤修？志慕勤思，曉了量法，方便觀察，奉無限行。	㊁何謂為入「陀羅尼門」故，勤行精進？所謂： ❶善觀一切法「無量緣」。 ❷觀一切法「無量方便」。 ❸亦觀「無量方便起」。
㊂又解了觀諸「定意門」(三昧門)，諸要「法門」，入不可計「因緣」正行。	㊂如是觀時，以「三昧門方便」，①善入諸法門「無量緣」。②亦入「無量方便」。③亦入「無量方便起」。
㊃逮致如是比像(比擬象徵)力勢，曉一切法、分別諸法，得「意力勢」	㊃於是法中得力故，善知「諸法實相」，亦善分別一切「文辭章句」，

（念力），以能曉了，斷「生、老、病、死」，志強無怯，不失「正法」，乃成「無上正真道意」，逮「最正覺」。	亦得「念力」，亦得「轉身」，成就「不斷念、不退法」，乃至得「阿耨多羅三藐三菩提」。

四－23 菩薩通達一切諸法隨宜之「因緣」，以「一因緣」能入「千種因緣」，能得一切「諸法實相方便」

西晉・竺法護 譯《持人菩薩經》	後秦・鳩摩羅什 譯《持世經》
❶佛復告持人：若有菩薩通「總持門」，普能曉了一切「諸法言辭」所趣，以用「一事」入「百千事」，以用「道力」，分別諸法，無所不達。	❶又復持世！菩薩摩訶薩入諸「陀羅尼」門故，通達一切諸法隨宜「因緣」，以「一因緣」能入「千種因緣」，隨「智慧力」，得諸法方便。
❷又若菩薩逮「定意門」(三昧門)入音聲，便入無限「定意門」(三昧門)辭，以得入是了若干品「一切法門」，以入「一切諸法」道門，頒宣(頒布宣諭)諸法，靡不蒙濟。	❷又復持世！菩薩摩訶薩如是法中，勤精進故，入「一相門三昧」：❶得「一相門三昧」故，入「無量相門三昧」。❷如是入已，以種種「因緣方便」故，能入是「諸法門」。❸如是諸菩薩入一切「諸法門」已，當得一切「諸法方便」。
❸又其菩薩，奉行「智慧」，以是「慧力」，曉了諸想，勤解想已，以是慧力，逮一切法，疾通無礙。	❸又復持世！菩薩摩訶薩多行「智慧」故，善知諸「禪定相」，亦善知「無緣三昧」。

㈣又若菩薩曉了無量「定意門」（禪定門）行，以住是地，普致一切十方法。 ㈤又若菩薩曉了無量「總持門」行，解不可計「定意門」（禪定門）力，以「定意門」（禪定門）暢不可限眾法之元，以是道地，普入諸法，靡所不通。	㈣是「三昧力」故，能善知「無量緣、無量禪定起」。是菩薩住此地中，能得一切「諸法實相方便」。

四－24 菩薩應常觀「世間法、有為法、世諦法」緣方便，能疾得「諸法實相方便」

西晉・竺法護 譯 《持人菩薩經》	後秦・鳩摩羅什 譯 《持世經》
㈠又其菩薩甚能曉了，觀「世間行」。極復分別「有為、無為」。奉行諸法，心所不著「有為、無為」，行如是像，一切諸法，疾解諸法，逮得明慧。	㈠又復持世！菩薩摩訶薩： ❶常觀「世間緣方便」。 ❷常觀「有為法緣方便」。 ❸常觀「世諦緣方便」。 ❹亦常勤行，壞散「一切法緣方便」，亦無「貪著」處。 是菩薩修集如是法，疾得「諸法實相方便」。
㈡又菩薩行「權方便」，勤察一切諸法「本無所行」。雖作是觀，不為「世事」，不著「世法」，亦無所猗。	㈡又復持世！菩薩摩訶薩，勤行精進，起「方便力」，而亦常觀「諸法實相」，不依止「世樂」，亦不雜

	行「世間之法」。
參如是像法，疾得曉了「一切諸法」，分別諸法，意力施財，剖判章句，斷除生老死，「意行」具足。	參成就如是法者，疾得「諸法實相」，亦善分別「一切法」文辭章句，亦得「念力」，亦得「轉身」，成就「不斷念」，乃至得「阿耨多羅三藐三菩提」。
肆是故持人！菩薩大士於是摸𢔬（法式；規範）法，而度「無極」（彼岸），何謂為四？ 於斯法典，❶奉「如道義」，❷勤修正法。 於斯經典，❸逮「無罣礙」，❹普入「道慧」。	肆持世！是故菩薩摩訶薩，欲得度如是諸法「彼岸」，當於是法如說修行。持世！汝等於是法中勤行「精進」，汝等不久當於此法得「無礙智慧」。

四－**25** 過去無量無邊不可思議阿僧祇劫，有佛號無量光德高王如來，其佛國土，無「三惡道」，亦無「三惡道」名

西晉·竺法護 譯 《持人菩薩經》	後秦·鳩摩羅什 譯 《持世經》
《往古品·第十三》 壹佛告持人：乃往過去無央數劫，不可稱計長遠無限，爾時有佛，號無量光超殊王如來、至真、等正覺、明行成為善逝、世間解、無上士、道法御、天人師、佛、世	壹持世！過去無量無邊不可思議阿僧祇劫，爾時有佛，號無量光德高王如來、應供、正遍知、明行足、善逝、世間解、無上士、調御丈夫、天人師、佛、世尊。

尊。

（貳）其（無量光超珠王）佛世時，「聲聞眾」不可計數，大會無限。諸「菩薩會」不可稱載。其佛在世，時壽「一劫」。又彼佛土，皆以「七寶」而遍覆成，七寶樹生，周匝圍繞，以用莊嚴一切諸樹，殊異珍琦，交露帳覆。又諸樹下，皆施「師子床」，其諸床上，細好帛氎，裹樹布床。一切諸床，「琉璃」為足，以「赤真珠」而挍諸樹，自然熏香，合成諸葉，華常茂盛，而圍旋之。

（參）其樹前自然「浴池」，有八味水，其水底沙，悉以「水精、車璩、赤真珠」合成，又以「三寶」造成浴池，其諸浴池，自生「青蓮」，「紅、黃、白」蓮華，又諸池水，以「七寶」作挍飾欄楯，一切「欄楯」，地平如掌。

（肆）又其佛土，清淨無穢，其佛國土，寶樹熾盛，猶「忉利天」（之）「畫度大樹」（pāriyātraka），嚴飾巍巍，明月珠樹，諸億千充滿佛土，其光悉照，覆日月耀，令不復現。

（貳）是無量光德高王佛，壽命「一劫」，其佛國土，以「七寶網羅」覆其上，普以「七寶」諸「多羅樹」莊嚴世界。是諸「多羅樹」，亦復以「七寶網羅」，覆其上。一一樹下，敷「師子座」，諸「多羅樹」皆出天衣。諸座皆以「琉璃寶、閻浮檀金、赤真珠」所成，諸「多羅樹」四邊皆有「香樹、華樹」圍繞莊嚴。

（參）一一樹下，各各有「池」，「八功德水」充滿其中，諸池皆以「頗梨、車璩、赤真珠」所成，諸池水上皆有「青、赤、白、紅」蓮華，遍覆水上，諸池皆以「七寶」為欄楯。

（肆）持世！彼佛國土，皆以如是眾寶莊嚴世界，四邊復有「寶樹」，如「忉利天」（之）「波利耶多羅迦持毘陀羅樹」（pāriyātraka），如是「寶樹」千萬億數，圍繞世界，是諸寶樹光明，障蔽一切「日月」光明不復現。

㈤其諸寶樹，琦珍交露，出好音聲，哀鸞眾鳥，天諸玉女，歌音樂聲，如是軟音，普流佛土，無「三惡趣」，不犯諸惡。	㈤持世！諸「多羅樹」及「諸寶網」，自然皆出種種妙香，如「天伎女」歌頌之聲。其佛國土，常出如是微妙音聲，無「三惡道」，亦無「三惡道」名。

四－26 無量光德高王佛為諸眾生說「般若波羅蜜」，及「菩薩藏　斷一切眾生疑　喜一切眾生心經」法

西晉·竺法護 譯《持人菩薩經》	後秦·鳩摩羅什 譯《持世經》
⑴不為眾生，喧雜句說，惟以敷演如斯「像法」，智度「無極」。是「菩薩藏」，化無央數諸人物眾。	⑴持世！是無量光德高王佛，為諸眾生多說如是之法，所謂「般若波羅蜜」，及「菩薩藏　斷一切眾生疑　喜一切眾生心經」。
⑵一日皆發「道心」，其本發心，志存大道，便悉具足「道品之法」。	⑵持世！其無量光德高王佛說法時，一日之中無量百千萬億眾生，發「阿耨多羅三藐三菩提心」，已發心者，皆得具足，助「菩提法」。
⑶如是持人！其無量光超殊王如來至真，因其方便，化不可計無央數載「眾生」發「道心」。	⑶持世！是無量光德高王佛，以是因緣教化成就無量無邊眾生，於「阿耨多羅三藐三菩提」，其佛國土，「菩薩摩訶薩」其數甚多。
⑷今生下方，去此佛土，在彼佛	⑷持世！彼佛滅後，法住半劫。

是無量光德高王佛，滅度之後，法欲盡時，下方過十佛世界，有菩薩名無量意，命終來生，始年十六，出家學道，於無量光德高王佛法欲滅時，聞是菩薩摩訶薩解說是「(五)陰(十八)界(十二)入方便經」。

㊄是無量意菩薩，聞此經已，發大精進，於是法中，盡到其邊，成就深方便力。是菩薩「善根因緣」故，於彼命終，得值「二十億佛」，皆得成就如是之法。常識宿命，童真出家，修行「梵行」，常得「念力」。世世不離如是之法，世世成就「不斷念」，然後得成「阿耨多羅三藐三菩提」，號無量光莊嚴王佛。

㊅持世！是故菩薩摩訶薩，若欲疾得「阿耨多羅三藐三菩提」，若欲疾得「具足一切智慧」，於我滅後後，五百歲惡世之中，當勤護持，發大誓願，應生「大欲(欲樂也；喜好)、大精進、大不放逸」，於後世中，常當護持如是等經。

土，成「菩薩行」。佛滅度後，正法存立，竟至「半劫」時，佛滅度後，「正法」便沒。有一菩薩名意無限，從下方佛剎，來生此土，其國去斯「十佛世界」。適生未久，年十六歲，便捨捐業，行作「沙門」，在無量光超殊王佛所，諮受經典，臨法沒時，為諸菩薩宣布「(五)陰(十八)種一切諸(十二)入分別」解義。

㊄聞如是像「精進」之行，在於斯法，所度無極，攝權「方便」。因是德本，彼土復決見億數佛，普蒙斯法。所生之處，常識「宿命」，皆以「幼童」，不娶「妻室」，淨修「梵行」，以家有信，出為「沙門」。所生之處，逮得「意力」，常所受身，成就功勳。而最後世，逮得「無上正真之道」，為「最正覺」，號曰無量光珠王如來至真等正覺。

㊅若有菩薩，疾欲得成佛，逮一切智，具足佛道，在後五濁，臨法欲沒，當勤志成如是像法，輒受宣布。盡以「愛樂」、常行「精進」，最後末俗，受是「經典」，德勳無量，諷誦奉行，為他人說，福不可喻。

四－27 颰陀和(賢護菩薩)及橋曰兜等五百菩薩，於佛前發願：
我等當為守護如是等經

西晉·竺法護 譯 《持人菩薩經》	後秦·鳩摩羅什 譯 《持世經》
《颰陀和五百人品·第十四》	
⑧爾時颰陀和(Bhadra-pāla 賢護菩薩)等五百菩薩，橋曰兜(橋越兜)菩薩，即從坐起，長跪叉手，前白佛言：我等世尊，最後末世，臨法滅時，當受是法，住於後世「五濁之世」，擁護正典，持是景(大)摸2(法式；規範)，諷誦奉持，廣為人說。	⑧爾時跋陀婆羅(Bhadra-pāla 賢護菩薩)、伽羅訶達多菩薩等為上首，從坐而起，向佛合掌，白佛言：世尊！我等於佛滅後，後「五百歲」，法欲滅時，我等當為守護如是等經，勤行精進讀誦聽受，亦當復為他人廣說。
⑨復有無數諸菩薩等，各從坐起，長跪叉手，諦視佛面，各興至願：我等世尊，最後末世，被弘誓鎧，受是景(大)摸2(法式；規範)。順斯深妙，佛所宣慧，諸菩薩等，所積德本，道品之藏。並使具足，所在遊居，當擁護法，聞是經像，益加喜樂，受持諷誦，宣示未達，深入大猷。	⑨復有若干千數菩薩，從坐而起，合掌向佛，瞻仰尊顏，發是願言：世尊！我等後世，後五百歲，作是誓願。於如是等甚深「無染污」諸佛所，聽能生菩薩諸善功德，能具足諸菩薩，助「菩提法」。我等當共護持，聞如是法，當大清淨，其心歡喜，專心勤求，受持讀誦。
⑩時佛忻ﾇ笑，口中五色光出，遍照三千大千佛土，地六返震動。	⑩佛便微笑，即時三千大千世界，無量光明，遍滿其中，三千大千世界，六種震動。

四-28 佛將為阿難說颰陀和（賢護菩薩）及橋曰兜等五百菩薩；其守護是經的「功德」

西晉・竺法護 譯 《持人菩薩經》	後秦・鳩摩羅什 譯 《持世經》
⑤賢者阿難，即從坐起，長跪叉手，前白佛言：佛何因笑？既笑當有「意」，光明普照，地即大動。	⑤爾時阿難，從坐而起，偏袒右肩，右膝著地，合掌白佛言：世尊！何因緣故，今者微笑地大震動？
⑥佛告阿難：汝寧見此諸菩薩眾，住立我前，在後末世，當護正法，被弘誓鎧，以救危厄。佛識念之，往無數劫，於諸佛所，被如是像弘誓之鎧，面從諸佛，受斯經法，持護三品，開導無數眾生之類。	⑥佛告阿難：汝見此等菩薩，發大誓願，後世護持如是甚深「無染污法」不？阿難！是諸菩薩，非但今世，發是誓願。阿難！我念是諸菩薩於無量無邊諸佛所，發如是誓願，「三時」護持諸佛之法，亦能利益無量眾生。
⑦令是等來，在於佛所，承「三品」義，受是「正法」，今立佛前，然後「末世」，法臨沒時，多所開化，未達眾生。	⑦今者亦復「三時」護持我法，於今現在及我滅後，法欲滅時，亦大利益無量眾生。
⑧如令受佛「三品」正法，在於「賢劫」諸佛興見，亦當從受「千佛」訓誨「三品」正法，又將來世，諸	⑧持世！如跋陀婆羅等，「三時」護持我法，亦復於此「賢劫」之中，「三時」護持諸佛之法，亦於「未來」

佛聖所，咸受亦然。

㈤是等阿難！諸「族姓子」(善男子)！功勳名德，不可得察，莫能稱計，所行經法。是諸「族姓子」(善男子)！安隱眾生而供養。

㈥假使如來，班宣(頒布宣諭)是等，以受「正道」，安隱眾生，皆以不信。若不信者，長夜不安，墮于「惡趣」。

㈦又復阿難！當為汝等，現其證明，如斯等類，安隱眾生。正使三千世界一切眾生，皆由想行故「墮地獄」。假使大眾在地獄中，有一人生(存)，告地獄人：無得恐怖！當為汝等一一道利，以時方便，出「大地獄」苦惱之患，則以己身一一濟之，移著安處一一人故，無數千歲，忍在地獄，未曾懈廢，普令致安。

諸佛所，「三時」護持如是之法。

㈤阿難！我今讚說是人，成就如是無量功德，說不可盡，憐愍利益，安隱眾生。

㈥阿難！若我悉說是人如是功德，人不能信。若人「不信佛語」，是人長夜，失於利益，受諸苦惱，墜墮惡趣。

㈦阿難！我今粗說是等菩薩利益眾生，假使如三千大千世界，滿中眾生，皆墮「大地獄」中；中有一人語諸眾生：汝等莫怖！我今一一代汝，受此「大地獄」苦。是人即時出地獄眾生，一一皆為多「千萬歲」受「地獄」苦。

四－29 佛告阿難說：颰陀和(賢護菩薩)及橋曰兜等五百菩薩；其利益眾生之「功德」，於算數譬喻，皆不能為比

| 西晉・竺法護 譯 | 後秦・鳩摩羅什 譯 |

《持人菩薩經》	《持世經》
⑴阿難，其人於眾生，慈愍弘哀，寧增多不，出大地獄，立大安隱？ <u>阿難</u>言：甚多！甚多！天中天！	⑴<u>阿難</u>！於汝意云何，是人為大利益大安樂不？ <u>阿難</u>言：世尊！為大利益大安樂。
⑵佛言：假使彼人，顯示神足（神通具足）如是巍巍，令眾生類立第一最「有為」之安。	⑵<u>阿難</u>！是人出諸眾生已，現其力勢，皆使令得成就「世間」第一快樂。
⑶長樂無極，成大哀愍，皆逮覆護，其功德福，非心所思，非言可暢。	⑶<u>阿難</u>！是人為能有恩能，與眾生樂不？ <u>阿難</u>言：世尊！是人所利益，非言所說。
⑷佛告<u>阿難</u>：今故語汝，如彼菩薩，於大地獄，出無數眾，立之永安。所愍眾生，若合集是，前所安隱，順和眾生，使濟大難，至「有為」安，百倍、千倍、億萬倍、巨億萬倍，不如「族姓子」（善男子）受是像經。	⑷<u>阿難</u>！我今實說是<u>跋陀婆羅、加羅訶達多</u>菩薩等利益眾生。是人利益眾生，是二利益安樂之事，算數譬喻不可為比。
⑸所以者何？ 計其所興，「有為」之安，有極盡矣。不至「無為」、不離「貪欲」、不致「滅度」，逮神通正覺之業，不成寂志「泥洹」之要。	⑸何以故？ <u>阿難</u>！是人樂具，皆是「有為」相違之法，不為「厭足」故，不為「離欲」故，不為「智慧」故，不為「沙門果」故，不為「涅槃」故。

四－30 是五百菩薩，本行菩薩道時，已令無量諸佛住於「佛道」，已世世護持教化成就百千萬億諸佛，皆使成「阿耨菩提」

西晉・竺法護 譯《持人菩薩經》	後秦・鳩摩羅什 譯《持世經》
⑱又<u>阿難</u>！是諸菩薩，建立眾生，無上「大安」一切智業。又是菩薩，以「大士法」，志學「道乘」，建立佛道，度諸眾生。立諸「聲聞、緣覺」之地，觀助佛法，修菩薩行，住于大道。	⑱<u>阿難</u>！是諸菩薩等，利益眾生，與無上樂，一切智人，樂為求佛道者，皆作「佛事」。未入「正位」者，令得「聲聞、辟支佛」地，以佛法化諸「菩薩」，示教利喜。
⑲斯諸「族姓子」(善男子)，勸助眾生，行「菩薩法」，不料佛教，諮啟大雄，受立弘慈，成「一切智」故功無限。	⑲<u>阿難</u>！是諸菩薩能示教「利喜」諸菩薩眾，為不斷「佛種」故，為守護「一切智種」故，住於世間。
⑳佛言：<u>阿難</u>！由是正法，若千劫中，若無數劫，不可計限，億百載劫，懸邈如是。諸佛世尊，常不「空間」，展轉相教，及餘無數億百千姟劫，轉復相度使成佛，而無窮功故無限。	⑳<u>阿難</u>！是人過去本行「菩薩道」時，無量百千萬億「那由他劫」，皆使有佛，不令斷絕，亦於未來無量百千萬「那由他劫」，皆使有佛，亦不「斷絕」。
㉑所以者何？	㉑何以故？

億千百佛，本住「宿世」，行菩薩業，建立佛道。斯等之類，在在所生，受是經典，各用勸助，逮「無上正真之道」，成「最正覺」。	阿難！是諸菩薩，本行菩薩道時，已令無量諸佛住於「佛道」。是諸菩薩，世世護持，教化成就百千萬億諸佛，皆使成「阿耨多羅三藐三菩提」。
⑮將來之世，無數菩薩，多所開化，不可計眾，以是勸助，具足佛法，成「無上正真之道」也。	⑮從是以後，亦復教化無數百千萬億眾生，令住「佛道」，教化力故，具足「佛法」，亦皆當得「阿耨多羅三藐三菩提」。

四－31 颰陀和（賢護菩薩）及橋曰兜等五百菩薩，皆是眾生之「菩薩父母、菩薩種」，亦能令無量百千眾生皆住「菩薩乘」

西晉・竺法護 譯《持人菩薩經》	後秦・鳩摩羅什 譯《持世經》
⑬如是阿難！諸「族姓子」（善男子），「訓立」眾生「一切智」，安「無上大道」。	⑬阿難！是跋陀婆羅等，為與眾生，佛樂「一切智慧樂」故，勤行精進。
⑭欲平等有「法父母」者，正當謂之「諸佛菩薩道法父母」，今是菩薩，擁護自歸，普得自立，是所謂安颰陀和、橋曰兜等五百人等，則「法父母」。	⑭阿難！若人實說，何等是諸「菩薩父母」救舍（捨）「依、洲」（為眾生作歸依、洲渚）生？諸菩薩當說是跋陀婆羅、伽羅訶達多等五百菩薩是。阿難！若人實問何等是諸「菩薩種」？當言跋陀婆羅、伽羅訶達多等五百人是。

㊌斯諸菩薩，護是「正典」，(令)「族姓子(善男子)、族姓女(善女人)」等，不違「佛教」，亦不絕「一切智本」。	㊌如是「善男子」等，為不斷「佛種」，不斷「一切智慧種」故，住於世間。
㊍於將來世，臨法欲沒，為諸眾生，建立大護，住在「大哀」，開益一切，以是勸助，在於末世，而安護之，不墮惡趣，令無數千億「菩薩」、若(及)「無數佛」共嗟嘆。	㊍是「善男子」等，亦於後世，後五百歲，以是教化方便力故，以樂「因緣」，令諸眾生不墮「三惡道」中，亦令無量百千眾生住「菩薩乘」。

四－32 此諸善男子，皆為無量阿僧祇「國土」中現在諸佛之所「護念」

西晉·竺法護 譯《持人菩薩經》	後秦·鳩摩羅什 譯《持世經》
㊀是「族姓子」(善男子)等，功勳之德，不能究竟，所以者何？是諸「族姓」(善男子)，名勳至德，不可思議。	㊀阿難！若干千佛，說是「善男子」等功德，不可得盡，何以故？是「善男子」等，成就如是不可思議功德。
㊁佛告阿難：佛無數劫，億千兆載，合集積累，是正法寶。其受是法「族姓子」(善男子)等，十方無數，不可計會。	㊁阿難！我於無量百千萬億阿僧祇劫所集「法藏」，是「善男子」等，能受護持。
㊂諸佛世尊，遊「無限土」，今現	㊂阿難！我今以是無量億劫所

在者，咸共「擁護」，學是法者，皆令安隱。	集「法寶」，囑累是人。是「善男子」等，為無量阿僧祇「國土」中現在諸佛之所「護念」。
㈣佛言：阿難！天上世間，悉為是等諸「族姓子」(善男子)，稽首敬禮，歸命諮受。	㈣阿難！是「善男子」等，(為)一切天人世間，所應禮事。
㈤十方諸佛，悉嗟嘆之，所演經法，以示「不逮」。	㈤阿難！是人(於)十方千佛，講說法時，常所「讚嘆」。
㈥阿難！佛以豫印(同「預印」)，印是族姓，決「一切疑」。	㈥阿難！我已印可，為斷「一切眾生疑」故。

四－33 若有人於後末世，得聞如是「深經」，信解而發誓願，勤行「精進」，護持是經，佛皆與此人受「阿耨菩提」記

西晉・竺法護 譯《持人菩薩經》	後秦・鳩摩羅什 譯《持世經》
㈠若後末世受如是像無上正法，持諷誦說宣布同學，是「族姓子」(善男子)及「族姓女」(善女人)，以為疾近「一切智業」。	㈠若人於後末世，受持是經，讀誦「通利」(通暢；無阻礙；無有忘失)，為人廣說。當知是「善男子、善女人」近「一切種智」。
㈡臨法滅時，聞是景(大)摸𠔃(法式；規範)深妙經法，懷喜信者，佛以	㈡有人於後末世，乃至得聞如是深經，信解而發誓願，我皆與受

「授決」，行「菩薩乘」。	「阿耨多羅三藐三菩提」記。
㊂如是至真，最後末世，愛護是法，建立己身，而愛樂法，佛以「勸助」，是諸「族姓子」(善男子)及「族姓女」(善女人)，而不誹謗斯深妙法。	㊂若於後世，後五百歲，生「信解心」，勤行「精進」，護持是經。是「善男子、善女人」，我今亦以是「阿耨多羅三藐三菩提法」而囑累之。
㊃佛預「授決」諸「聲聞乘」，見彌勒佛出現於世，諸漏已盡，無有「愛欲」，用受信是「深妙法」故，未曾誹謗，致是功報。	㊃若「聲聞人」，信受如是深法，心無「違逆」，我與「受記」，後當得值彌勒佛會。
㊄佛言：若「菩薩」學聞是「深法」，信樂悅豫(喜悦;愉快)，亦皆「授決」，在於彌勒如來世時，「出家」學寂，而復誓願，乃有殊特。	㊄若求佛道者，聞如是法，受持信解，是人皆為彌勒佛所授記，以本願故，出家學道。
㊅佛謂是「族姓子、女」(善男子、善女人)，德本調柔，功勳無際，臨法欲沒，最後末世，受斯「深法」，奉行「精進」，德不可量，巍巍如是。	㊅阿難當知，是「善男子、善女人」等，若於後世、後五百歲時，於是法中，勤行「精進」，當知是人「善根」猛利。

四－34 若有人能「受持、讀誦」是經者，不久當得「一切智慧」。佛今亦與是人「受記」，令疾得具足「一切智慧」及「諸法實相」

西晉・竺法護 譯 《持人菩薩經》	後秦・鳩摩羅什 譯 《持世經》
《囑累品・第十五》	**《囑累品・第十二》**
㊀爾時<u>持人</u>菩薩前白佛言：願佛建吾以「轉法」者，不求「名利」，最後末世，聞是「正典」，顯發忻悅，受微妙義。以是之故，疾解諸法，逮分別慧，速得「意力」，剖判諸法，曉了「道慧」，所生之處，識念不忘，以大法光，照於十方。	㊀爾時<u>持世</u>菩薩摩訶薩白佛言：世尊！惟願利益諸菩薩摩訶薩故，護念是經。菩薩摩訶薩，若於後世得聞是法，心淨喜樂，亦為具足如是法故，勤行精進。
	㊁爾時「世尊」護念是經，即以「神力」令此「三千大千世界」香氣遍滿，所未曾有，一切眾生，「慈心」相向。
	㊂佛護念已，告持世菩薩：<u>持世</u>！我今護念是《法印品經》，斷「一切疑」故。
	㊃<u>持世</u>！若有能「受持、讀誦」是經者，不久當得「一切智慧」，惟除「本願」，我今亦與是人「受記」，疾得具足「一切智慧」故。
㊄佛言：持人！若有菩薩，觀是「法品」，大智慧業，無極明本，積大功德，不可限量！	㊄<u>持世</u>！菩薩摩訶薩，若「受持、讀誦」是《法印品經》，思惟廣為人說，是人不久當疾得「五陰」方便、「十二入、十八界、十二因緣、四

	念處、五根、八聖道分」，「世間、出世間法、有為、無為」法方便。亦疾得「諸法實相」，亦疾得分別「一切法章句」，亦疾得「念力」，亦疾得「轉身」成就「不斷念」，乃至得「阿耨多羅三藐三菩提」。

四－35 若於後末世時，能得值是經。此人為「菩薩藏」所攝，能與諸「波羅蜜」相應。不為「魔事」所覆，不為「業障」所惱，得佛「受記」

西晉・竺法護 譯《持人菩薩經》	後秦・鳩摩羅什 譯《持世經》
	㊀持世！是經(於)後世，能與眾生作「大法明、大智慧光」福德因緣，亦能與諸「菩薩」具足助(成就)「阿耨多羅三藐三菩提」法。
㊁若將來世，受是「法品」，持諷誦讀，及餘深經「菩薩篋藏」，諸度無極，勤心奉行。「魔事」因緣，不能得便，不為「罪蓋」之所覆蔽。	㊁持世！若諸菩薩，於後末世時，得值是經，及餘深經，(為)「菩薩藏」所攝，(能)與諸「波羅蜜」相應。是人不為「魔事」所覆，不為「業障」所惱。
㊂佛預「授決」，見「兩、三」佛，輒當逮得「無所從生法忍」(無生法忍)。其得「忍」者，亦當得是「無上	㊂持世！若是人未得「無生法忍」者，我與「受記」，於當來世「第二、第三」佛，當得「無生法忍」。

| 道品」，自解諸法，而得自在，嚴淨佛土，具足「聲聞」，受其「道教」，奉「菩薩行」。

肆如是持人！佛下「印封」，斷一切疑。 | 已得「無生法忍」者，於一切法中，疾得「自在力」，疾得「淨佛國土」，疾得無量「聲聞眾」，疾得無量「菩薩眾」。

肆持世！我今說是「法印」，為斷後世「一切疑」故。 |

四－36 菩薩見此「四利」故，於後末世，應護持如是等經，而發誓願

西晉・竺法護 譯 《持人菩薩經》	後秦・鳩摩羅什 譯 《持世經》
壹最後末世，現得「四義」自在之業，行「菩薩大士」法，受是經典，而擁護之，被弘誓鎧，何謂為四？ ❶一曰：受己德本，甚大無極，不可限量、不可計會。 ❷二曰：當為眾生，顯發「善元」。 ❸三曰：諮受如來「正法經要」。 ❹四曰：執持「法藏」，無央數佛所宣道化。 是為四。 貳復有「四法」，最後末世，將護深法，何謂為四？	壹持世！菩薩摩訶薩見「四利」故，於後末世，護持如是等經，而發誓願，何等為四？ ❶諸菩薩作是念：我當疾得無量無邊功德。 ❷亦令眾生，生「大善根」。 ❸亦為諸佛「護持正法」。 ❹亦作諸佛，持「法藏」人，亦為無量諸佛所見「讚歎」。 是名四。 貳持世菩薩摩訶薩復見「四利」，於後末世「護持」是經，而發「誓願」，

❶一曰：攝取「精進」，在弊惡世，受行「正法」。 ❷二曰：若在厄難，第一苦毒，諍亂正法。所持法品，人共鬪時，化令「和合」，擁護「正法」。 ❸三曰：行發「忍辱」，具足「仁和」。 ❹四曰：在於末世，心不「懷恨」，往來「周旋」，常行「慈愍」。 是為四 ⑧得致「深法」，疾逮「一切智」。	何等為四？ ❶諸菩薩作是念：我等於後恐怖「惡世」，守護法故，行「大精進」。 ❷於後惡世，「正法」壞時，能持「法藏」，為此難事。於後惡世中，「法亂、眾生亂」時，我等「守護」法故，其心不亂。 ❸爾時當得具足「忍辱」。 ❹以「無瞋」道，守護於法。 是名四。 ⑧持世！菩薩摩訶薩見是「四利」故，於後「惡世」，護持如是等「深經」，而發誓願。

四－**37** 颰陀和（賢護菩薩）及橋曰兜等五百菩薩，得聞是《法印品經》，於佛前發願護持是「深法」

西晉·竺法護 譯 《持人菩薩經》	後秦·鳩摩羅什 譯 《持世經》
⑤爾時颰陀和、橋曰兜五百菩薩，及餘菩薩，聞佛說是「道品」正法，咸住佛前，心自念言：於後末世「擁護」正法。	⑤跋陀婆羅、伽羅訶達多等五百菩薩，及餘菩薩，得聞是《法印品經》，（於）佛前合掌：於後「惡世」，發願護持是「深法」者。
⑥佛以右掌，摩諸菩薩，而告之	⑥佛以「右手」，皆摩其頭，作

曰：諸「族姓子」(善男子)！佛無數劫而積習是「無上正真道」，成大「寶藏」，甚用勤苦，忍遭「困厄」，所濟無限，使得「大安」，捨身之安，而憂一切，乃致「道法」，成「最正覺」。	如是言：諸「善男子」，我於無量阿僧祇劫，所集「阿耨多羅三藐三菩提」大法「寶藏」，甚為難集，受諸無量無邊「憂悲苦惱」，亦捨無量無邊「歡喜快樂」。
㊂(吾)以(囑)累仁等，若有(修)學(讀)誦，逮是法者，廣為四輩，而敷演義，若「三品法」欲毀壞時，當建立護，爾乃震揚「無極」大光。	㊂(我)今以囑累汝等，於後末世當以是無量劫所集「法藏」，善開(示)與人，廣為四眾，分別解說此「正法種」，令不斷絕，汝等還當，然「大法炬」。
㊃佛重(囑)累「族姓子」(善男子)等，如來猶父，諸賢如子，佛猶國君，諸仁如臣，父慈子孝，君正臣忠，天下和平。	
㊄吾無數劫，習是「正法」道德寶藏，令普「流布」八極上下，諸天人民，一切慈孝，自歸命佛，佛以「大哀」，皆共「蒙濟」。	㊄諸「善男子」！如來今者，請汝等佛子住「佛」所住，我於是無量百千萬億「阿僧祇劫」所，集「法寶藏」，為諸天人，廣宣流布。

四－38 佛說是《法印品經》時，有無量無邊眾生，發「阿耨菩提」心，得佛受「阿耨菩提」記

西晉‧竺法護 譯《持人菩薩經》	後秦‧鳩摩羅什 譯《持世經》
⓵爾時諸菩薩眾，從颰陀和、橋	⓵即時跋陀婆羅、伽羅訶達多

曰兜等五百群眾，稽首佛足，前白佛言：承佛聖旨，任力盡意，將護末世。佛所宣教，惟願如來，建立垂恩。(於)最後末世，令斯「正法」道寶之藏，使普「流布」八方上下，一切皆蒙。

(貳)佛加威神，說是「法品」，有無央數不可計會「諸菩薩眾」，得「一生補處」，德本道慧，皆以備悉。無數億千諸天人民，皆發「道心」，佛悉「授決」，於將來世，皆得「佛道」，各有名號。

(參)佛說如是，持人菩薩及一切菩薩，颰陀和、橋曰兜等，五百群眾，四部眾會，諸天世人阿修羅，聞佛所說，莫不歡喜，作禮而去。

等，即禮佛足作如是言：我等隨力所能，亦承佛威神，當於後世，廣宣流布是「法寶藏」。

(貳)說是《法印品經》時，無量無邊阿僧祇一生諸菩薩，善根成就。亦有無量百千萬億眾生，發「阿耨多羅三藐三菩提」心，畢定受「阿耨多羅三藐三菩提」記。

(參)佛說是經已，持世菩薩及跋陀婆羅、伽羅訶達多等，及餘菩薩，幷諸四眾，一切天人、阿修羅等，聞佛所說，皆大歡喜。

果濱其餘著作一覽表

一、《大佛頂首楞嚴王神咒・分類整理》(國語)。1996 年 8 月。大乘精舍印經會發行。➔書籍編號 C-202。

二、《雞蛋葷素說》。1998 年。大乘精舍印經會發行。
➔ISBN：957-8389-12-4。

三、《生死關全集》。1998 年。和裕出版社發行。
➔ISBN：957-8921-51-9。

四、《楞嚴經聖賢錄》(上下冊)。2007 年 8 月及 2012 年 8 月。萬卷樓圖書股份有限公司發行。➔ISBN：978-957-739-601-3(上冊)。ISBN 978-957-739-765-2(下冊)。

五、《《楞嚴經》傳譯及其真偽辯證之研究》。2009 年 8 月。萬卷樓圖書股份有限公司發行。➔ISBN：978-957-739-659-4。

六、《果濱學術論文集(一)》。2010 年 9 月。萬卷樓圖書股份有限公司發行。➔ISBN：978-957-739-688-4。

七、《淨土聖賢錄・五編(合訂版)》。2011 年 7 月初版。萬卷樓圖書股份有限公司發行。➔ISBN：978-957-739-714-0。

八、《穢跡金剛法全集》(增訂本)。2012 年 8 月。萬卷樓圖書股份有限公司發行。➔ISBN：978-957-739-766-9。

九、《漢譯《法華經》三種譯本比對暨研究(全彩版)》。2013 年 9 月初版。萬卷樓圖書股份有限公司發行。➔ISBN：978-957-739-816-1。

十、《漢傳佛典「中陰身」之研究》。2014 年 2 月初版。萬卷樓圖書股份有限公司發行。➔ISBN：978-957-739-851-2。

十一、《《華嚴經》與哲學科學會通之研究》。2014 年 2 月初版。萬卷樓圖書股份有限公司發行。➔ISBN：978-957-739-852-9。

十二、《《楞嚴經》大勢至菩薩「念佛圓通章」釋疑之研究》。2014 年 2 月初版。萬卷樓圖書股份有限公司發行。
➔ISBN：978-957-739-857-4。

十三、《唐密三大咒・梵語發音羅馬拼音課誦版》(附贈教學 DVD)。2015 年 3 月初版。萬卷樓圖書股份有限公司發行。
ISBN➔978-957-739-925-0。

十四、《袖珍型《房山石經》版梵音「楞嚴咒」暨《金剛經》課誦》。2015 年 4 月。萬卷樓圖書股份有限公司發行。➔ISBN：978-957-739-934-2。【140 x 100 mm】規格(活頁裝)

十五、《袖珍型《房山石經》版梵音「千句大悲咒」暨「大隨求咒」課誦》。2015 年 4 月。萬卷樓圖書股份有限公司發行。➔ISBN：978-957-739-938-0。【140 x 100 mm】規格(活頁裝)

十六、《《楞嚴經》原文暨白話語譯之研究(全彩版)》(不分售)。2016 年 6 月。萬卷樓圖書股份有限公司發行。
➔ISBN：978-986-478-008-2。

十七、《《楞嚴經》圖表暨註解之研究》(不分售)。2016 年 6 月。萬卷樓圖書股份有限公司發行。➔ISBN：978-986-478-009-9。

十八、《《楞嚴經》白話語譯詳解(無經文版)-附:從《楞嚴經》中探討世界相續的科學觀》。2016 年 6 月.萬卷樓圖書股份有限公司發行。
➔ISBN：978-986-478-007-5。

十九、《《楞嚴經》五十陰魔原文暨白話語譯之研究-附《楞嚴經》想陰十魔之研究》。2016 年 6 月。萬卷樓圖書股份有限公司發行。➔ISBN：978-986-478-010-5。

二十、《《持世經》二種譯本比對暨研究(全彩版)》。2016 年 6 月。萬卷樓圖書股份有限公司發行。➔ISBN：978-986-478-006-8。

✠大乘精舍印經會。地址：台北市漢口街一段 132 號 6 樓。電話：(02)23145010、23118580

✠和裕出版社。地址：台南市海佃路二段 636 巷 5 號。電話：(06)2454023

✠萬卷樓圖書股份有限公司。地址：臺北市羅斯福路二段 41 號 6 樓之 3。電話：(02)23216565．23952992

果濱佛學專長

一、漢傳佛典生老病學。二、漢傳佛典死亡學。三、悉曇梵咒學。

四、楞伽學。五、維摩學。六、十方淨土學。七、佛典兩性哲學。

八、般若學(《金剛經》+《大般若經》+《文殊師利所說般若波羅蜜經)。

九、佛典宇宙天文學。十、中觀學。十一、唯識學(唯識三十頌+《成唯識論》)。

十二、楞嚴學。十三、唯識腦科學。十四、敦博本六祖壇經學。

十五、佛典與科學。十六、法華學。十七、佛典人文思想。

十八、《唯識双密學》(《解深密經+密嚴經》)。十九、佛典數位教材電腦。

二十、華嚴經科學。

國家圖書館出版品預行編目(CIP)資料

《持世經》兩種譯本對照之研究(全彩版)-/ 果濱 編撰.
-- 初版. - 臺北市 ：萬卷樓, 2016.05
　　　　面 ；　公分
　　　　全彩版
　　ISBN 978-986-478-006-8 (軟精裝)

　　1.經集部

　　221.71　　　　　　　　　　　　105009096

《持世經》兩種譯本對照之研究(全彩版)

2016 年 6 月初版 軟精裝　　　　　　　定 價：新台幣 400 元

ISBN 978-986-478-006-8

編　撰　者：陳士濱 (法名：果濱)
　　　　　　現為德霖技術學院通識中心專任教師
發　行　人：陳滿銘
封 面 設計：張守志
出　版　者：萬卷樓圖書股份有限公司
編輯部地址：106 臺北市羅斯福路二段 41 號 9 樓之 4
電話：02-23216565
傳真：02-23218698
E-mail：wanjuan@seed.net.tw
萬卷樓網路書店：http://www.wanjuan.com.tw
發行所地址：106 臺北市羅斯福路二段 41 號 6 樓之 3
電話：02-23216565
傳真：02-23944113
劃撥帳號：15624015
承 印 廠 商：中茂分色製版印刷事業股份有限公司